la baleine allaite ses petits

Simone Audigé

LA BALEINE ALLAITE SES PETITS

deuxième édition

Editions du Moulin vieux

Je tiens à remercier tous ceux qui m'ont encouragée à écrire ce livre :

Mes amis nantais ; Yves Kerbrat et Louis Le Gouvello de La Porte ; Mme Palluel ; François et Jean-Claude, les enfants de François et Léa Van Pee ;

Mes amis normands ; M. l'Abbé Lemoine, dont le livre paru voici deux ans, *Au bagne, le curé !*, constitue un témoignage passionnant sur l'époque de l'Occupation ; M. André Heintz pour ses précieux renseignements.

Je ne puis tous les citer, mais merci encore à eux qui, avec moi, voulaient que « tout cela fût dit, écrit ».

J'adresse des remerciements particulièrement chaleureux à Jean-Claude Le Gouaille, mon correcteur, mon éditeur, mon ami, sans qui cet ouvrage n'aurait jamais vu le jour. Sa patience et sa ténacité m'auront été d'un grand secours dans le parcours d'endurance que représentent l'écriture et la publication d'un livre pour une néophyte de presque 78 ans.

Simone AUDIGÉ

ISBN 2-907502-02-6

Faverolles
14220 BARBERY

A mes enfants, Claudine et Papou

Je suis maintenant parvenue à un âge où l'on peut porter un regard plus serein sur les gens et les événements. J'expliquerai plus loin pourquoi j'ai décidé de raconter cette période décisive de ma vie, qui correspond à l'occupation allemande, à la Libération et à l'immédiat après-guerre. J'espère en tout cas que le recul du temps me permettra de relater faits et méfaits avec suffisamment d'impartialité pour ne heurter ni la vérité historique, ni la sensibilité des acteurs encore vivants de ce qui reste pour moi une tragédie, tant sur le plan personnel que collectif.

Nulle autre ambition dans les récits qui vont suivre que celle de témoigner sur une époque à travers le drame que j'ai vécu et, peut-être, de montrer l'humble grandeur de ceux qu'on a nommés par la suite les « combattants de l'ombre ». Il n'est, je crois, pas inutile d'évoquer ces hommes et ces femmes qui marchaient la peur au ventre au service de leur idéal, à un moment où il est de bon ton de diffamer la Résistance pour tenter de la ridiculiser et de la discréditer.

Je relaterai d'abord la période qui a suivi la perquisition au bureau parisien de Jean Cavaillès[1], chef du réseau dont mon mari, Pierre Audigé, était l'un des dirigeants. Ce dernier, propriétaire d'un gros cabinet de chirurgie dentaire à Nantes, semblait mener jusque-là, avec nos deux enfants et moi, l'existence tranquille d'un bourgeois provincial aimant la vie, la pêche, la bonne cuisine et les voitures puissantes. A ce moment, en juin 1943, tout a basculé.

1. Professeur à la Sorbonne, Jean Cavaillès semblait destiné à devenir l'un des philosophes les plus brillants et les plus originaux de sa génération. Arrêté le 28 août 1943, il fut fusillé à Arras début 1944. Pour se faire une idée de la valeur de cet homme exceptionnel, il faut lire le livre remarquable que sa sœur, Mme Gabrielle Ferrières lui a consacré : *Jean Cavaillès, un philosophe dans la guerre*, au Seuil.

I

La traque

Sauver les meubles

Dès que Pierrot a été averti que le bureau de Paris avait été perquisitionné par la Gestapo, il a pris ses dispositions pour éloigner les siens et alerter l'ensemble de son réseau. Il nous a expédiés, les enfants et moi, en Normandie où avait lieu la communion d'une nièce. Il restait pour veiller au grain.

La Gestapo a mis plusieurs jours pour remonter jusqu'à *Assistant*, pseudonyme de Pierrot à ce moment. Ils sont venus à son cabinet dentaire pour l'arrêter, demandant si c'était bien là qu'il y avait un *assistant*. Les infirmières ont évidemment désigné le chirurgien-dentiste qui aidait Pierrot dans son travail. Lui-même n'était heureusement pas là, c'était son après-midi de « pêche ». Ils ont emmené l'opérateur qui a pu être libéré au bout de quelques jours, car il avait des amis chez les Allemands. Une infirmière est partie prévenir des membres du réseau, les frères Van Pee.

Pierrot n'est plus jamais retourné à son cabinet où la Gestapo l'attendait, mais il a pris le risque énorme de tenter de les prendre de vitesse en allant à la maison pour ne rien laisser derrière lui qui puisse nuire au réseau.

Il a arrêté sa voiture à 100 mètres de notre pavillon, sur une petite place et, à pied, en regardant bien à droite et à gauche pour s'assurer que personne ne rôdait, il a gagné la maison. Le champ était libre. Il a donc sonné chez nos propriétaires, les Nouël, dans une dernière précaution : leur maison et la nôtre étaient plus que jumelées, leurs caves communiquaient – nous nous y retrouvions lors des bombardements. C'est le père Nouël qui lui a ouvert. Pierrot lui a demandé de le laisser entrer et emprunter le passage par les caves : « Je suis recherché par la Gestapo, je viens de leur échapper et je dois aller à la maison sans être vu. J'ai des papiers à emporter, des photos et des vêtements. »

Quand il est remonté des caves, il a recommandé à notre propriétaire, pour le cas où il serait interrogé, de tout ignorer, de dire que nous étions partis en vacances, les enfants et moi, et que Pierrot devait nous rejoindre ensuite. Puis, avant de repartir, il a ajouté : « J'ai pris les documents, c'est le principal. Il reste le coffre-fort au premier étage, qui contient de l'argent. Tant pis, je n'ai pas le temps de l'ouvrir. Merci, père Nouël, j'ai bien peur d'être longtemps sans vous revoir... »

Une demi-heure peut-être après le passage de Pierrot, la Gestapo a fait irruption à grand fracas chez nos voisins. Bien entendu, ce brave père Nouël a dit ne rien savoir de Pierrot et être très surpris des accusations de « terrorisme » que les Allemands portaient contre lui. Il a, comme convenu, menti outrageusement en leur répondant qu'il n'avait pas revu son locataire depuis qu'il était parti travailler, à 8 h 30, comme tous les matins.

La perquisition faite chez nous fut, ce jour-là, très rapide. En partant, les sbires de la Gestapo avertirent les voisins qu'ils reviendraient dès notre retour, dont ceux-ci étaient sommés de les prévenir. Notre femme de ménage, présente sur les lieux, reçut le même avis.

En repartant en hâte de chez M. Nouël avec son petit bagage, Pierrot avait sauté dans sa Salmson et était allé se cacher quelques jours chez des amis. Très prévoyant depuis la rafle de la rue Chardon-Lagache, il s'était au préalable établi un laissez-passer pour la voiture, ajoutant le Calvados à la Loire dite alors Inférieure. Laissez-passer authentique, puisque les cachets étaient vrais : ils provenaient de la préfecture, de même que ceux qui servaient à Pierrot pour les cartes d'identité. C'est un fonctionnaire, membre du réseau, qui les sortait le soir des bureaux, les portait à Pierrot, lequel en prenait des empreintes à son labo, et qui les remettait à leur place le lendemain matin. Pour les cachets de la Kommandantur, ils étaient « empruntés » de la même façon le soir et remis très tôt le matin par des étudiantes, membres du réseau elles aussi, et qui faisaient fonction d'interprètes.

Après quatre ou cinq jours de planque, Pierrot a récupéré son ami *Robert*, et ils ont quitté ensemble la région nantaise pour le Calvados, près de Caen.

Robert, de son vrai nom Louis Le Gouvello de La Porte, était étudiant à Nantes à son entrée dans le réseau, fin 1942. Pierrot me l'avait présenté sous sa véritable identité, et nous l'avions reçu plusieurs fois par la suite. En se moquant un peu de moi, Pierrot m'avait dit : « Tiens, je te présente un des étudiants qui ont été chanter *La Marseillaise* au monument aux morts, le 11 novembre. “ Ta ” *Marseillaise*, avait-il ajouté. Tu te rends compte, risquer de se faire ramasser pour ça ! Il y a mieux à faire… » Cet acte de courage que Pierrot jugeait un peu gratuit – mais il avait de la tendresse pour cette gratuité-là – avait pourtant servi de détonateur pour beaucoup. La meilleure preuve en était que *Robert* avait rejoint le réseau avec plusieurs autres étudiants. Il était devenu l'ombre de Pierrot, son agent de liaison personnel, en quelque sorte. Tout naturellement, il avait été le dernier à garder le contact avec son chef.

Ils sont arrivés tous les deux en voiture au milieu de l'après-midi. Nous n'attendions pas Pierrot qui ne devait pas venir à cette communion. Dès que la Salmson s'est arrêtée, j'ai couru au-devant de lui. Très vite, il m'a mise au courant : « Ne dis rien. La Gestapo est venue pour m'arrêter. Je me suis caché à Nantes chez des amis, mais il valait mieux partir. » Comme je m'inquiétais des risques d'un aussi long trajet, car il n'avait pas d'autorisation entre la Loire-Inférieure et le Calvados, il m'a répondu : « De toute façon, nous avions ce qu'il fallait si nous avions été arrêtés en route. » En effet, ils étaient armés, ce qui n'était pas pour me réconforter : j'ai une peur bleue des armes. Il ne fallait pourtant pas laisser deviner notre angoisse aux invités.

Le lendemain dimanche, repas de communion sans histoire, mais le soir, un dîner suivi de danse. Notre fils Papou couché, je sentais Pierrot inquiet. Pour donner le change, je dansais. Il était plus de 10 heures quand Pierrot, qui se trouvait près de maman, disparut soudain. Je me mis à guetter son retour tout en dansant. Au bout d'un petit moment, il est revenu, très calme, s'est approché de moi et m'a touché l'épaule : « Tu peux venir une minute ?... » Nous sommes sortis, il m'a montré le télégramme que l'épicerie-bureau de tabac venait de lui remettre, adressé à ma famille et rédigé ainsi : « DITES À SIMONE QUE LES COUSINS GERMAINS SONT VENUS ET PARTENT LES REJOINDRE EN NORMANDIE. »

Bien que nous fussions dimanche, ce télégramme avait pu être transmis d'urgence par un agent des P.T.T. du réseau à Nantes. En clair, bien sûr, les « cousins germains » étaient les

Allemands qui avaient appris que Pierrot était dans le Calvados.

Il a fallu rassembler très vite nos affaires, prendre Papou tout endormi, nous habiller en toilette plus simple et partir en pleine nuit, sans dire au revoir à personne, sinon à maman qui était au courant des activités de Pierrot. *Robert* a reçu mission de camoufler la Salmson dans un garage du côté de Caen avant de regagner Nantes, puis un parent nous a conduits jusqu'à une ferme à quelques kilomètres dans les terres.

D'abord, fuir !...

C'est là qu'ont commencé pour nous ces neuf mois affreux. Je n'ai pas mesuré sur l'instant ce que signifiait notre fuite, ce qu'elle impliquait d'angoisses futures, les épreuves et les souffrances qui nous attendaient. Je ne voyais que l'imminence du danger et la nécessité de nous y soustraire de toute urgence.

Pourtant, j'aurais dû me souvenir de l'avertissement de maman, peu de temps auparavant. Après la perquisition parisienne, Pierrot lui avait demandé de ramener Claudine avec qui elle passait quelques jours en Dordogne chez ma sœur aînée. Arrivée à Nantes, elle s'était étonnée de ce retour précipité, et nous avions dû lui avouer les activités de Pierrot dans la Résistance. Après quelques paroles bien senties à mon égard pour n'avoir pas été capable de retenir mon mari de se lancer dans cette aventure, elle lui avait raconté l'histoire de mon grand-père. Celui-ci, maître verrier rue du Rendez-Vous à Saint-Mandé (actuellement dans Paris) en 1870, avait participé à la Commune, il avait combattu les Versaillais pour interdire l'entrée de Paris aux Allemands. Mon arrière-grand-mère n'était pas en reste, qui, à 50 ans passés, avait fait le coup de feu sur les barricades à la Nation. Du côté adverse étaient malheureusement engagés deux des frères de mon grand-père.

Perdant insensiblement de vue l'objet même de son récit et emportée par sa fougue naturelle, maman s'enflammait peu à peu pour les hauts faits de ses parents dans cette Résistance-là, quand, s'apercevant qu'un parallèle aussi flatteur n'avait rien pour décourager Pierrot, elle avait corrigé son propos : mon grand-père, ayant échappé de justesse au peloton d'exécution, était cependant resté très amer. Beaucoup de ses compagnons avaient péri dans cette lutte fratricide, et lui n'en avait rien ramené de bon, si ce n'est une idée très précise de ce qu'est la trahison. Elle mettait Pierrot en garde contre les risques qu'il courait lui-même et faisait courir à sa famille pour aboutir, probablement, aux cruelles désillusions qui avaient tant affecté son père. Constatant au bout d'un moment qu'elle ne le fléchirait pas, qu'il était déjà trop engagé dans son combat pour pouvoir y renoncer, elle avait atténué quelque peu la dureté de ses paroles, et, pour ne pas rester sur une image aussi funeste, elle avait ajouté que son père était mort beaucoup plus tard, patron d'une très belle verrerie sur émaux, et qu'elle souhaitait à Pierrot de s'en tirer aussi bien. Restait pourtant l'avertissement.

Nous n'étions pas au bout de nos peines, et, dans l'immédiat, il fallait aviser aux moyens d'échapper aux Allemands. Dans cette ferme, notre première cachette, nous n'avions pour l'heure qu'à organiser notre couchage. Un fils des fermiers nous a cédé son lit. Pierrot, notre fille Claudine et moi avons dormi tous les trois ensemble. Papou sur deux oreillers par terre. Nous ne parlions pas, atterrés. Papou a repris son pouce pour s'endormir comme il le faisait depuis son plus jeune âge, puis, serrant son nounours contre lui, il a très vite sombré dans le sommeil. Claudine n'a pas tardé à l'imiter, il était très tard. « Demain, il fera jour », m'a dit Pierrot. La fatigue aidant, je me suis endormie à mon tour.

Le lendemain matin, j'ai commencé à réaliser la situation : nous allions devoir vivre cachés, interdiction de sortir et d'être vus. Nous avons donc pris nos repas dans la chambre. Le soir, il a fallu partir, nous étions trop près de ma famille, nous ne pouvions pas faire courir de tels risques à ces fermiers. En trois ans d'Occupation, la Gestapo avait eu le temps de se faire une réputation : il ne faisait pas bon tomber dans ses griffes !

En revivant cette période, j'espère être débarrassée de mes cauchemars, car, après plus de quarante années, je pourrais compter les nuits où cette vie de traqués n'est pas venue me hanter.

Audrieu-la-débauche

De notre première cachette, nous avons échoué en voiture à bestiaux à Audrieu, un village à l'ouest de Caen. Nous y occupions, grâce à des complicités, une maison qui recevait le samedi soir, et pour toute la nuit, des femmes exerçant le plus vieux métier du monde. Les partenaires étaient français, belges et allemands. Nous devions rester camouflés tous les quatre dans une chambre barricadée sans faire le moindre bruit. Eux ne s'en privaient pas, hélas ! On les entendait rire, déboucher des bouteilles et brailler jusqu'au matin. Le dimanche, après avoir entendu les voitures partir, il me fallait tout remettre en état et essayer de récupérer quelques victuailles, du pain, des aliments que je triais parmi leurs restes. Quel gâchis ils faisaient durant ces orgies !

Vis-à-vis des propriétaires, je faisais fonction de femme de ménage théoriquement non logée. La semaine était calme, mais le samedi arrivait trop vite. Nous avons tenu six semaines. C'était trop dangereux. Les hommes saouls pouvaient vouloir aller dans toutes les chambres et enfoncer notre porte. De plus, de notre abri nous entendions trop bien toute cette débauche, et c'était aussi très pénible à supporter, surtout à cause des enfants.

Pendant cette période, en dehors du samedi, Pierrot sortait presque tous les matins à l'aube retrouver des agents du réseau à Caen, dont *Robert*, et ne rentrait que le soir. Pour les gens du village, nous étions des réfugiés. Pierrot était pharmacien, nous attendions pour repartir chez nous que les dégâts soient réparés.

Claudine avait trouvé une fermière très gentille, et nous allions tous les trois chercher le lait dans la soirée. Nous aurions presque retrouvé une relative quiétude si certains détails ne nous avaient, de temps à autre, rappelé le côté aléatoire de notre situation. Nous avions été contraints, par exemple, d'adopter de nouvelles identités. Avec les changements de cachettes, nous allions devoir le faire quatre ou cinq fois en neuf mois. Il allait nous falloir apprendre les nouveaux lieux et dates de naissance, nom du père, de la mère, etc. Je dois dire que j'ai eu beaucoup de mal à m'y faire. Heureusement, les enfants gardaient leurs prénoms et nous ne redoutions pas trop les contrôles : nos cartes d'identité étaient vraie... fabriquées par Pierrot !

Ce changement d'identité m'a d'ailleurs joué un sale tour dans le village, où se trouvait un café d'où l'on pouvait téléphoner. Accompagnée de Claudine, je m'y rends un matin afin de prendre un rendez-vous pour Pierrot. Le patron nous connaissait de vue, car nous venions là chaque jour chercher le journal. Je le prie donc de me demander le numéro à Caen, il l'obtient et me passe le téléphone sur le comptoir. Je demande si X... est là, on me répond : « C'est de la part de qui ?... » Catastrophe ! Impossible de me rappeler le nom que nous portions. Alors, en plein café – et il y avait des consommateurs –, je chuchote à Claudine : « On s'appelle comment, déjà ?... » Mais elle aussi, la pauvre, avait un trou de mémoire. Heureusement, cela n'a pas duré. Tout de même, quelle panique devant ces gens qui, évidemment, ne se doutaient de rien et dont nous ne devions à aucun prix attirer l'attention.

A Caen, Pierrot avait retrouvé un ancien élève du lycée Malherbe, Alexis Lelièvre. Nous nous connaissions depuis cette époque bénie de l'insouciance. Plus qu'un condisciple, c'était un très bon copain de Pierrot. Il avait 17 ans, j'en avais 14. C'était un garçon plein de charme, très fantaisiste. Nous ne nous étions jamais perdus de vue. Il avait exercé quelque temps le métier d'instituteur. Il aimait les enfants, qui le lui rendaient bien, et travaillait avec eux sans formalisme excessif, les considérant comme des individus pourvus d'intelligence et de sensibilité plutôt que comme des têtes à bourrer de connaissances dans le respect scolaire de l'autorité administrative. Sans doute était-il en avance sur son temps, car l'Académie ne l'avait pas suivi sur les sentiers escarpés de l'innovation pédagogique. En désespoir de cause, il était devenu inspecteur de l'Assistance publique. C'était pour lui une autre façon de défendre les enfants qu'il aimait tant, une autre facette de la même vocation.

Toujours est-il que le recrutement d'Alexis faisait bien l'affaire du réseau, et particulièrement de Pierrot, coincé à Audrieu sans moyen de transport pour sillonner la région. D'une part, Alexis connaissait beaucoup de monde, d'autre part il disposait d'une voiture suffisamment approvisionnée en essence et pouvait, dans le cadre de ses fonctions, se déplacer à sa guise, avec des papiers parfaitement en règle. La nuit tombée, c'est lui qui ramenait Pierrot.

Meslay-la-spartiate

Quand nous avons quitté Audrieu, nous avons atterri à Meslay, un village à 25 km de Caen. L'endroit méritait vraiment le nom de « planque ». C'était un corps de ferme en ruine, accessible seulement par un chemin de terre qui serpentait à travers 300 m d'herbages. L'agencement des lieux était du genre spartiate : la pièce principale, munie d'une cheminée – c'était la « cuisine » –, comprenait seulement une table et un banc. A la suite se trouvaient deux espèces d'écuries « meublées » de deux lits. A notre arrivée, l'inconfort de la masure nous importait peu. L'essentiel résidait dans les issues : tout d'abord une porte à deux battants superposés, pas de fenêtre dans les « chambres », mais une échelle pour monter au grenier donnant sur un bûcher peu repérable par lequel il était possible de s'échapper. A l'usage, l'absence d'électricité, et surtout d'eau courante – il fallait aller la chercher au puits –, s'est révélée pesante. Pour préparer les repas, faire chauffer de l'eau pour la toilette ou la lessive, je n'avais que l'âtre à ma disposition. Or je n'étais absolument pas douée pour utiliser le feu de bois. Tout ce que nous mangions avait goût de fumée, quand encore je ne l'avais pas renversé.

Je voudrais parler ici de détails qui semblent sans importance à côté du reste, mais qui constituaient finalement la trame de notre vie de fugitifs. Quand on évoque la Résistance, on pense évidemment à des héros comme Jean Moulin, aux sabotages, aux maquis. On idéalise ces figures historiques – qui le méritent assurément – parce qu'elles ont valeur de symbole. Mais, à les désincarner ainsi, on les détache de la réalité, on les sépare de l'environnement qui leur permettait d'exister et, pour finir, on donne de la Résistance une image aseptisée et apauvrie. Si les résistants ont pu survivre, c'est qu'ils ont su se ménager des appuis dans toutes les couches de la société. Au premier rang de leurs soutiens figurent évidemment leurs amis et leurs familles. On a peu écrit sur les femmes dans la Résistance, sauf sur quelques héroïnes particulièrement admirables. On se plaît bien, ici ou là, à rendre hommage au courage des porteuses de valises, des agents de liaison, des secrétaires bénévoles, mais la Résistance reste avant tout une affaire d'hommes ! Et pourtant il y aurait matière à écrire sur celles qui leur ont permis d'être disponibles pour le combat, celles qui assuraient le quotidien dans des conditions particulièrement difficiles – qu'on veuille bien se souvenir des restrictions du temps de guerre –, celles dont le soutien ne faisait jamais défaut dans l'adversité et qui maintenaient la cohésion de la famille. Il ne s'agit pas ici d'un plaidoyer *pro domo*, mais d'un simple rappel de bon sens : les héros étaient aussi – et d'abord, heureusement ! – des hommes. Ils n'étaient pas de purs esprits, ils avaient besoin d'un tas de choses : un toit, de la nourriture, du linge – même les héros ne sortent pas nus ! Et ils avaient besoin de la compréhension de leurs familles, de l'amour de leurs enfants, de la tendresse de leurs femmes. Je ne pense pas abaisser les idéaux de la Résistance en rappelant ces évidences et en plaçant parfois mon récit sur un terrain plus prosaïque. Si certains en sont choqués, qu'ils m'excusent. Ma foi tant pis ! J'en prends le risque.

Si l'on aborde la question sous l'angle ménager, quel meilleur exemple que celui du linge ? Voilà un véritable problème, quand on change de planque treize fois en neuf mois. Le laver sans pouvoir le faire sécher à l'air libre, sans machine évidemment, sans le repasser... Combien de fois avons-nous dû nous sauver avec le linge mouillé !

Se procurer des vêtements était aussi un casse-tête, et, de ce point de vue, les enfants n'ont pas tardé à poser des problèmes : c'est que ça grandit, les enfants ! Papou était parti avec les barboteuses de ses 16 mois. De toute façon, nous avions quitté Nantes au mois de juin avec un simple change. C'était l'été, il faisait chaud, mais fin octobre le froid est arrivé. Par Zeldine à Caen nous avons pu nous procurer au marché noir costume et pardessus pour Pierrot, robe et manteau pour Claudine et pour moi. Tout cela était, bien entendu, en tissu de bois. Pour le petit, il a fallu charger *Robert*, qui retournait à Nantes, de passer avec un mot de moi chez Mme Le Chevallier, un magasin pour enfants où nous avions nos habitudes. A son voyage suivant, il nous rapporta un manteau et deux pantalons pour Papou. Restait à régler la question des sous-vêtements de celui-ci, car il n'entrait plus dans ses petites culottes. C'est encore *Robert* qui fut mis à contribution. Il réussit à acheter sans tickets quatre petites culottes qu'il rapporta un jour, triomphant. Las ! elles présentaient des petits picots sur les bords, détail qui n'échappa pas à la vigilance de mon fils. Celui-ci les récusa séance tenante d'une exclamation indignée : « C'est des culottes de fille !... » Il lui fallut pourtant en passer par là, les temps n'étaient pas aux exigences subvestimentaires... Nous avions déjà bien de la chance que Papou ait été propre dès l'âge de 9 mois. J'imagine notre périple avec plusieurs changes par jour et des couches à laver !

Nous devions trouver de la nourriture presque sans tickets, à part quelques-uns que rapportait Pierrot. A notre arrivée à Meslay, Claudine avait un peu plus de 11 ans et le petit 18 mois. Or il fallait du lait pour Papou. A Nantes, nous avions des tickets, mais dans la clandestinité c'était plus difficile. C'est pourquoi, outre le souci de notre sécurité, il était préférable pour nous d'habiter à la campagne : les fermières n'exigeaient pas de tickets pour un litre de lait. Pour les autres denrées, l'approvisionnement demeurait quand même problématique. Cela explique que, nourri de lait et de bouillies jusqu'à l'âge de 2 ans, Papou ait conservé jusqu'à maintenant une irrépressible horreur des laitages.

Pour rester dans le domaine des phobies, *Robert* m'approvisionnait en laine – un bien grand mot pour les pelotes de guerre ! –, et je tricotais, surtout le soir, en attendant le retour de Pierrot. C'est ainsi que je fabriquais nos tricots à tous les quatre. Les couleurs en étaient résolument variées et les qualités isothermiques pour le moins discutables... mais c'était la guerre. Depuis, je suis totalement réfractaire au tricot. Chacun ses dégoûts.

A Meslay aussi, nous étions des réfugiés, et Pierrot était toujours pharmacien. Mais nous avions changé de nom. Sitôt parachutés dans cet abri, il a fallu nous organiser. Evitant les routes par prudence, nous devions parcourir 3 km pour avoir du pain, au moins autant pour le beurre et les œufs, et l'épicerie était à 4 km à travers champs. Seul le lait n'était pas trop éloigné : nous le prenions dans une ferme au bout du chemin. C'était toujours Claudine qui allait se présenter dans les fermes pour savoir s'il était possible d'être un peu ravitaillé. Pierrot disait qu'une petite fille se remarquait moins. On ne lui posait pas trop de questions. De toute façon, elle savait ne pas répondre, d'une enfant cela ne surprenait pas. Pourtant, il faut le reconnaître, les paysans normands sont assez méfiants, mais vis-à-vis d'une enfant de 11 ans..., et puis il y avait encore un peu partout de vrais réfugiés.

Très souvent l'après-midi, quand Papou avait dormi, tous les trois nous partions aux courses, ou à la rivière au fond de l'herbage pour rincer notre linge. Nous l'étendions ensuite dans le grenier, les deux lucarnes ouvertes, cela faisait courant d'air.

Pierrot partait très tôt le matin, les enfants dormaient encore. Il ne rentrait jamais avant la tombée de la nuit. Le jour de notre installation, il était parti dans la matinée. La nuit arrivait, Claudine et Papou avaient dîné – oh ! ce chaudron !... faire du potage là-dedans !... Enfin ils avaient rejoint leur « chambre ». J'étais restée près d'eux, car Papou ne pouvait s'endormir que lorsque je lui racontais des histoires ou que je chantais. Comme ils dormaient tous les deux, je suis revenue prendre ma « veillée » près de la cheminée. Pas un bruit dans la campagne. Une bonne heure se passe, puis j'entends au loin le bruit d'une auto ; il en passait peu dans la journée, et rarement la nuit. Elle s'arrête au bout du chemin, une portière claque. Je savais qu'aucun véhicule ne pouvait accéder à notre « maison », le chemin était trop étroit. Et si c'était la Gestapo ?... Que faire alors ?

Je cours aux chambres et grimpe vite à l'échelle pour regarder par la lucarne du grenier ce que fait cette voiture et qui en sort. Je vois les phares d'une auto qui opère un demi-tour et repart en direction de Caen. Une ombre, une seule, descend le chemin : c'est Pierrot !... Après cette alerte inutile, nous avons décidé que, désormais, il faudrait faire arrêter plus loin le véhicule qui le ramenait le soir, avant ou après le chemin. D'abord, cela se remarquerait moins, et lui pourrait venir à travers l'herbage, moins de risques aussi d'être vu.

Quand Pierrot rentrait, il était exténué. Il avait dû souvent attendre avec ses agents des parachutages, des caisses d'armes qu'il planquait, m'avait-il dit, dans des maisons abandonnées qu'il avait repérées dans la journée.

Il avait rapporté un petit poste de T.S.F. – ainsi appelait-on la radio dans ce temps-là –, qui fonctionnait sur accumulateurs. Aussi, après avoir dîné, il écoutait la B.B.C., bien enfoui dans l'obscurité du bûcher. C'est là qu'un soir il a capté le message tant espéré. Après le fameux « Ici Londres, les Français parlent aux Français, énième jour..., attention, voici les messages personnels », il a eu la joie d'entendre : « *La baleine allaite ses petits*[1], je répète, *La baleine allaite ses petits.* » Il a fait irruption dans la cuisine, exultant littéralement : « Ça y est, Nanoue, je suis nommé capitaine !... » Il y avait de quoi être heureux, surtout pour l'ancien lycéen dont la conduite turbulente lui avait valu cette peu élogieuse appréciation dans son dossier scolaire : *Adjudant, pas plus. Ne sera pas capable de diriger des hommes...* !

1. Le lecteur s'interrogera sans doute sur le caractère saugrenu d'un tel message, qui, par surcroît, constitue le titre du livre. Il aura bien raison. Ma justification tient dans l'anecdote suivante. Le professeur Audigé, père de mon mari, était titulaire d'une chaire de sciences et de zoologie à la faculté des sciences de Caen. Examinateur aux épreuves du baccalauréat, il avait coutume de demander aux candidats – qui, sans exception, l'ignoraient – de quelle façon la baleine nourrit ses petits. Qu'elle les allaite, c'est bien la moindre des choses pour un mammifère, mais qu'elle se mette sur le dos et expulse son lait en jets aussitôt happés au vol par les baleineaux, voilà qui était moins connu. Il l'expliquait très gentiment aux candidats déconfits et en plaisantait en privé. Pierrot avait donc puisé dans la mythologie familiale pour choisir le texte de son message. J'ai appris par la suite que celui-ci avait déjà été capté à Nantes en juin 1943 par Yves Kerbrat, dont je parlerai plus tard. Mais Pierrot n'ayant pu, et pour cause, le recevoir, il s'agissait probablement d'une confirmation.

Sa joie allait, hélas, être de courte durée. *Robert* est arrivé un soir avec lui. J'avais vu deux ombres se faufiler et j'écoutais. Je n'avais pas été prévenue, mais les petits coups frappés à la porte m'ont vite rassurée : c'était bien notre code. Quelle triste soirée ! *Robert* apportait de pénibles nouvelles. D'abord la destruction complète du cabinet dentaire sous les bombardements de septembre. Tant d'efforts anéantis, et par les Alliés !... Mais, après un premier moment de stupeur, Pierrot a repris le dessus : « Je le remonterai après la guerre !... »

Robert nous apprit aussi que la Gestapo était revenue à la maison et avait déménagé dans deux camions tout ce qui avait de la valeur. Après avoir raté Pierrot fin juin au cabinet, puis à notre domicile, ils y avaient trouvé notre femme de ménage. Celle-ci leur avait dit, sur le conseil de Pierrot, que nous étions partis en vacances, les enfants et moi, que lui-même devait nous rejoindre, et qu'elle venait là, matin et soir, s'occuper de nos bêtes et aérer comme les autres années. En septembre, ils avaient fini par admettre qu'ils avaient été bernés, et elle a reçu l'ordre de mettre nos chiens à la rue et de partir, elle aussi. Un voisin a bien voulu recueillir le setter, et cette brave femme a emmené le plus petit chez elle. Les Allemands ont mis les scellés après s'être servis et lui avoir recommandé de les prévenir dès qu'elle aurait de nos nouvelles.

C'est ce soir-là que j'ai appris le changement de dénomination du réseau. Jean Cavaillès s'était en effet séparé en juillet 1943 du mouvement Libération pour créer le réseau Cohors, puis Cohors-Asturies. Pierrot, comme *Robert* et bien d'autres agents, avait suivi Cavaillès, mais il restait, si j'ose dire, « à cheval » sur les deux mouvements. *Robert* confirma à Pierrot que son nouveau pseudo *Dus* (pour Sud) et celui de Doutreligne – chef régional du réseau – *Dron* (pour Nord) avaient bien été enregistrés par Cohors-Asturies.

Le mois de septembre avait été très beau, mais, dès le début d'octobre, nous avons commencé à souffrir du froid. Surtout le soir, à attendre. Il a fallu envisager un nouveau départ et quitter Meslay, car nous n'avions pas beaucoup de bois, nous ne pouvions allumer le feu que pour les repas.

Nous connaissions un village, Mutrécy, qui paraissait sûr et présentait l'avantage d'être peu éloigné de chez maman. Nous avons loué son presbytère pour un an. Nous y sommes arrivés courant octobre, et nous avons pu installer une cuisinière – à bois, bien entendu. Nous avons disposé quelques meubles achetés à Caen. C'était nettement plus confortable que Meslay, et pour Pierrot moins loin de la ville.

Le presbytère de Mutrécy

Thérèse, l'agent de liaison, est venue dans cette nouvelle planque, *Robert* aussi. C'était bien choisi comme cachette, l'endroit était bien clos, entouré de murs avec une petite porte donnant sur l'extérieur, qu'on pouvait fermer à clef. Pour entrer, il fallait s'annoncer au moyen d'une cloche. Une grande cour devant était bordée à droite par la sacristie, l'église elle-même et le mur du cimetière. Détail non négligeable, la sacristie et le cimetière étaient pourvus chacun d'une porte nous en permettant l'accès direct. Derrière, un grand jardin. Dès notre arrivée, le vieux prêtre, qui était à Clinchamps mais desservait Mutrécy, est venu voir de près les nouveaux locataires. Très vite il a compris que nous n'étions pas des réfugiés ordinaires, et il a bien voulu nous confier la clef de la sacristie et celle du cimetière, si bien que nous disposions de deux issues supplémentaires en cas d'alerte. Lorsqu'un visiteur faisait tinter la cloche de la porte, je criais de la maison : « Qui est là ?... » Cela donnait du temps, car il y avait toute la cour à traverser pour aller ouvrir.

La vie reprenait malgré tout, avec les absences de Pierrot et les émotions, parfois. C'est ainsi qu'à deux ou trois reprises, alors que nous étions seuls, les enfants et moi, on a sonné à la porte. N'obtenant pas la réponse qui me convenait, très vite j'ai fait s'enfuir Claudine et Papou par la sacristie, puis l'église et le cimetière, pour arriver chez une fermière qui nous fournissait le lait. Ils lui ont dit que j'avais dû partir et qu'ils avaient peur tout seuls, qu'ils attendraient mon retour chez elle. Heureusement, ces trois fois, il ne s'agissait pas de la Gestapo, et j'ai pu aller rechercher les enfants, un bon moment après leur départ précipité, car il fallait laisser supposer que je m'étais réellement absentée. Nous avions fait auparavant un genre de répétition. Claudine savait que si je n'étais pas revenue les chercher, elle devait partir chez maman avec son petit frère, c'était à 3 km.

Fin décembre, Robert est arrivé un soir à l'improviste au presbytère. Il était bouleversé. Il voulait recommander à Pierrot encore plus de vigilance, car le réseau de Nantes venait de recevoir un coup très dur. Deux agents très actifs – et très proches de Pierrot – venaient d'être arrêtés par la Gestapo. L'un était Crosnier, officier de marine, professeur à l'École d'hydrographie, l'autre était Péault, commissaire de police, qui assurait le contact avec les sous-marins alliés. Ils avaient sans doute été trahis par deux membres du réseau passés au service des Allemands. Quel choc pour Pierrot : les premiers de son groupe à être pris, et dans de telles conditions ! Il ne voulait pas croire à cette double trahison. Robert insistait pourtant sur les très fortes présomptions qui pesaient sur ses deux agents de liaison, mais Pierrot répétait qu'il n'existait pas de preuve formelle, et il conclut : « Espérons que tu te trompes – pour nous tous, d'ailleurs... » *Robert* est reparti le lendemain, nous laissant fort inquiets. S'il y avait eu réellement trahison, tout pouvait se produire.

Enfin Noël est arrivé. Nous l'avons passé tous les quatre à Mutrécy. Pierrot avait installé un poste émetteur dans le clocher, d'accord avec le prêtre qui, si cet appareil avait été découvert, aurait dit ignorer sa présence, ne venant à Mutrécy que pour en assurer les services religieux.

Les premiers jours de janvier 1944, Pierrot était anxieux. Depuis quelque temps, nous évitions de sortir même pour aller voir maman, quand, le 6 de ce mois, on a sonné. C'était elle. Pauvre maman, elle était déjà bien malade. Elle venait en toute hâte nous prévenir : la Gestapo était passée chez elle, à notre recherche. Maman avait pu profiter de son état de santé pour leur faire croire qu'elle ignorait tout de nous. Il nous fallait partir. Elle aurait voulu nous accompagner, mais ce n'était pas possible, et elle risquait moins, seule. Pierrot a pu téléphoner à Alexis Lelièvre qui est venu tout de suite à Mutrécy en voiture. Il a d'abord reconduit maman chez elle. C'est la dernière fois que je l'ai vue et que j'ai pu l'embrasser : elle est morte au mois de juillet, dans la zone anciennement qualifiée de « libre ».

En attendant l'arrivée d'Alexis, nous avons préparé nos affaires et l'avons guetté, cachés dans l'église.

Alexis et sa femme voulaient bien nous héberger. En partant pour Caen, nous avons déposé le poste émetteur chez le prêtre, à Clinchamps, qui savait où le cacher. Nous ne pouvions prendre le risque de l'emporter, car les contrôles étaient nombreux à cette époque. Pierrot l'a récupéré par la suite.

Il était temps que nous quittions le presbytère : peu de temps après notre départ, la Gestapo sonnait à la petite porte et trouvait la maison vide.

Chez Alexis Lelièvre

Nous nous sommes donc installés chez les Lelièvre. Il leur a fallu beaucoup de courage pour nous garder. Ils savaient à quoi s'en tenir, eux, et ils ont non seulement accepté de nous accueillir, mais ce sont eux qui nous ont proposé de rester. C'était d'autant plus courageux de leur part que le père d'Alexis, Louis Lelièvre, grand invalide de la Première Guerre mondiale – il n'avait plus qu'une jambe –, avait été arrêté en septembre 1943. Secrétaire de mairie, il faisait des faux papiers pour la Résistance. Il avait, bien entendu, été dénoncé et venait, à Noël, d'être déporté à Mauthausen.

Pierrot a continué le recrutement. *Thérèse* venait chaque mardi. Trois semaines après notre arrivée chez Alexis et Yveline – c'était fin janvier –, Pierrot m'a prévenue qu'il sortait seul, ce soir-là. Il allait rencontrer *Robert*. Il semblait inquiet : *Robert* était déjà venu vers le 15 et ne devait revenir que le mois suivant. Les Lelièvre couchés, les enfants dormaient et je veillais seule, très anxieuse : l'heure du couvre-feu était passée et Pierrot tardait à rentrer. Enfin il est arrivé, essoufflé mais surtout accablé, très malheureux. *Robert* était venu le prévenir que le réseau nantais avait été presque entièrement démantelé. Le 21 janvier, la Gestapo avait arrêté 26 résistants, une rafle terrible. Parmi eux, François et René Van Pee, Henri Guennec. Leurs femmes aussi avaient été emmenées. Léa ! La douce Léa pour qui rien ne comptait tant que ses deux petits garçons, arrêtée !... J'en avais moi-même le souffle coupé. Léa, la femme de François Van Pee, était une amie très proche. Avant la clandestinité, nous passions tous nos dimanches avec eux, au bord de l'Erdre où Pierrot avait son bateau. C'était une très jolie femme, très élégante et raffinée, un peu pessimiste et tellement naïve ! Nous nous entendions parfaitement, sans doute à cause du contraste entre nos personnalités. François

Ci-dessus : René Van Pee.

Ci-dessous : Alexis Lelièvre.

Ci-contre : Pierre Audigé,
pendant son service militaire,
avec l'auteur et sa fille.

Ci-dessus : Léa et François Van Pee.

Ci-dessous : l'église et le presbytère de Mutrécy.

et René étaient deux très chics types, catholiques fervents, pratiquants, ce qui ne les rendait pas intolérants pour autant ni confits en dévotions. Au contraire, très ouverts, ils étaient même fort amusants, et les dimanches au bord de l'Erdre n'engendraient pas la mélancolie. Nous fréquentions moins René et sa femme, Suzanne, plus âgés que nous, mais nous avions cependant plaisir à les rencontrer. René était entré dans la Résistance parce qu'il avait, si j'ose dire, cela « dans le sang ». Il ne supportait pas la présence des Allemands sur le territoire national. Si mes souvenirs sont exacts, c'est lui qui, à la fin de la Première Guerre mondiale – il était alors très jeune –, passait déjà des messages à la frontière belge au nez et à la barbe des Allemands.

François, c'était autre chose. Mobilisé à la déclaration de guerre, il avait connu moins d'un an plus tard ce qu'il croyait être l'enfer : Dunkerque. Il ne pouvait oublier les bombardements inhumains des Allemands sur la plage, et surtout sur l'hôpital, toutes ces souffrances dont il avait été le témoin au service de santé. Il n'était pas question pour lui de collaborer avec ces monstres, ni même de s'accommoder de leur présence.

Quand les troupes allemandes avaient été signalées près de Nantes, les deux garçons de François et Léa – ses « petites puces », comme elle disait – étaient à la campagne. Elle perdait la tête à la pensée qu'ils pourraient tomber entre les mains des Allemands. Dans sa candeur, elle croyait aux propos alarmistes des gens qui prétendaient que les soldats coupaient les mains des petits garçons ! Nous nous étions lancées à leur recherche toutes les deux dans la Salmson, mais les troupes battaient en retraite et, augmenté des réfugiés, le flot humain nous avait interdit le passage du pont de Pirmil qui nous aurait ouvert la route de Vertou. Après plus de deux heures d'efforts, nous avions dû faire demi-tour, la mort dans l'âme et, pour Léa, l'angoisse au cœur. Heureusement, le soir même, les enfants étaient de retour.

Notre anxiété quant au sort de nos maris nous avait encore rapprochées. Puis François était rentré. Nous avions passé Noël 1940 chez eux, Claudine et moi. Quand Pierrot était revenu, nous avions continué à nous fréquenter. Mais, lorsqu'en 1942 les deux frères l'avaient suivi dans la Résistance, Pierrot m'avait recommandé d'éviter de les voir. « Ce sera moins dangereux pour eux comme pour nous », m'avait-il dit. Je ne les avais donc plus revus depuis cette époque quand j'ai appris leur arrestation. Tout de suite, j'ai redouté le pire pour Léa. Je savais aussi qu'on tenait mieux le coup quand on avait quelque chose à cacher. J'ai commencé à craindre pour elle, arrachée à ses enfants, et cette crainte ne m'a pas quittée jusqu'à la Libération.

Henri Guennec m'était moins proche. Il venait parfois dîner à la maison, mais nous n'avions pas de relations suivies. Il était chef du bureau de Sainte-Pazanne à la Compagnie d'électricité. Il était jeune mais conscient de ce qu'il faisait, et appliqué à le bien faire. Il était entré au réseau fin 1942, et il apportait à Pierrot des renseignements fort importants. Il était très gai, enthousiaste, plein de mordant. Au moment de son arrestation, il venait juste de se marier. Sa femme a été arrêtée avec lui.

Devant l'urgence, *Robert* avait donc fait l'aller et retour pour nous prévenir avant de disparaître dans la nature. Il craignait – à juste titre – qu'après un tel coup de filet il n'y ait des fuites et que la Gestapo ne parvienne à localiser Pierrot. Il allait falloir à nouveau fuir rapidement en brouillant soigneusement les pistes, car toutes ces arrestations étaient dues à la trahison des deux anciens membres du réseau passés à l'ennemi. Or ces deux traîtres connaissaient parfaitement mon mari pour avoir été directement sous ses ordres.

Pierrot a décidé que nous partirions pour Toulouse, tous les quatre, avec nos nouvelles cartes d'identité. Il fallait le tenter : là-bas, il savait trouver des amis et un abri. Dans une maison appartenant au professeur Audigé, il y avait un appartement non loué. Mais avant de partir une fois de plus, j'ai insisté pour que lui, Pierrot, parte seul. Cela me semblait moins dangereux, surtout pour lui, il pourrait plus facilement leur échapper sans entrave. Nous, nous serions allés nous réfugier chez une tante sans rien expliquer de notre pauvre situation. Pierrot a refusé net. Je dois le reconnaître, j'avais peur pour lui, mais aussi pour les enfants et pour moi. Il a fini par m'avouer tristement qu'au début, après la rafle de la rue Chardon-Lagache, « on » lui avait promis de Londres de venir nous chercher. « Mais, a-t-il ajouté, maintenant c'est cuit, ils ne viendront plus. Alors, je ne peux pas rester seul... » Il avait besoin de nous pour tenir, et, en souriant, il m'a dit : « Tu sais comme je suis superstitieux... et tu es ma mascotte. » Il ne fallait pas trop s'attendrir. Nous sommes partis pour Toulouse en deux temps : Pierrot et Claudine le 3 février ; Alexis – qui avait tenu à faire l'aller et retour –, Papou et moi le lendemain.

Toulouse-la-sombre

Parmi les neuf mois où nous avons dû nous cacher, c'est de celui passé à Toulouse que je garde le plus mauvais souvenir. Je le regrette d'autant plus que j'aime cette cité magnifique qui a, par ailleurs, opposé une forte résistance à l'occupant, tant dans la ville même que dans les maquis environnants. Mais, arrivée à cette très belle maison, j'ai eu un mouvement de recul en entrant dans l'appartement du rez-de-chaussée où nous allions devoir nous terrer. Le mot n'est pas trop fort : c'était une ancienne trésorerie générale, et les deux fenêtres donnant sur la rue étaient munies de barreaux. Il y faisait sombre, et je trouvais que cet endroit était une véritable souricière, il était impossible de s'en échapper. Pierrot avait tenté de me réconforter en me disant qu'il faudrait d'abord que la Gestapo retrouve notre trace. Mais cette angoisse d'être prise dans un piège ne me quittait pas. Elle était d'autant plus pesante que je ne pouvais la partager avec personne. Au contraire, il me fallait sembler naturelle et taire ce que je ressentais.

L'appartement devait paraître toujours inoccupé. Nous vivions donc dans les trois pièces du fond, dont seule la cuisine avait une fenêtre, à barreaux également. C'était lugubre, sans lumière, et nous nous éclairions au moyen de deux lumignons confectionnés par Pierrot, deux petits récipients remplis de suif avec une sorte de mèche au milieu. Nous ne disposions que d'un minuscule réchaud, mais heureusement, là, il y avait l'eau courante sur l'évier. Mon Dieu ! qu'il faisait froid à Toulouse en ce mois de février 1944 sans aucune possibilité de se chauffer ! Quant au linge, c'était un tour de force pour le faire sécher et parvenir à nous tenir propres. Comme toujours, Pierrot partait de très bonne heure le matin et ne rentrait que le soir juste avant le couvre-feu. Il rapportait le lait, qu'il allait chercher à la campagne grâce à un pharmacien, car, bien entendu, il avait reformé un réseau. Le contact avec Paris était encore assuré par *Thérèse*, l'agent de liaison, qui venait à Toulouse.

Claudine sortait dans la matinée repérer les denrées libres sur le marché. Ensuite, nous allions tous les trois au ravitaillement. Nous n'avions pas peur d'être remarqués dans les rues, nous ne détonnions pas parmi les autres habitants de la Ville rose, ayant nous-mêmes le « type méridional ». Il me faut rapporter une anecdote, risible à présent. Claudine, partie à la recherche de nourriture libre sur le marché, revient tout heureuse : « J'ai trouvé des petits pois sans tickets... J'en ai fait mettre cinq kilos de côté, viens vite avec moi !... » Nous voilà partis tous les trois vers cette manne céleste. Des petits pois ! Nous arrivons, guidés par Claudine, auprès de la marchande qui nous attendait. Hélas ! c'étaient des pois chiches ! Et ceux-là sont des durs à cuire ! Evidemment, j'ai acheté les cinq kilos sans laisser voir ma déconvenue à Claudine. Mais il a été impossible d'en attendrir même une petite quantité sur notre réchaud pour les rendre comestibles.

Quand le temps le permettait, nous sortions, il faisait meilleur dehors que dans l'appartement. Les journées s'étiraient, les soirées à attendre... Les enfants couchés, je m'allongeais au chaud, aux aguets jusqu'au retour de Pierrot. Le moindre bruit dans le couloir me faisait sursauter, car les trois appartements au-dessus de celui où nous étions enfermés avaient des locataires, et il fallait bien qu'ils aillent et viennent. Mais c'était de ce couloir que viendrait le danger. Alors, je devais épier, car si les occupants de l'immeuble ne s'attardaient pas, la milice, elle, circulait à toute heure.

Un après-midi, Pierrot revient de très bonne heure, visiblement inquiet. Il nous faut partir, car une rafle a eu lieu en ville et plusieurs de ses agents ont été pris. Direction Castres où se trouve « Parrain », l'oncle de Pierrot, ancien pharmacien. Nos affaires regroupées en hâte, nous voilà prêts à repartir. La micheline qui nous emmène de Toulouse à Castres est pleine de miliciens, des Français ennemis. Heureusement, le voyage est court.

Notre arrivée chez l'oncle et la tante a d'abord été fort bien accueillie. Mais hélas, ils étaient très âgés et malades. Nous ne pouvions apporter là que le malheur, leur arrestation qui aurait, à coup sûr, signifié leur mort. Deux jours plus tard, nous repartions tête basse pour Toulouse, son sombre appartement et tout le reste suspendu au-dessus de nous.

Notre deuxième séjour n'y a été qu'une halte, trois jours au plus. Le matin du 10 mars, Pierrot n'était pas sorti, il se terrait un peu. Je me mets comme chaque jour, pour ne pas changer de distraction, à laver le linge, car c'est plus facile d'en changer au fur et à mesure. Je l'étends dans la cuisine, et Claudine sort comme chaque fin de matinée « aux courses ». Il ne s'est pas passé un quart d'heure qu'elle revient, frappe à sa manière et rentre affolée. Elle vient d'entendre à l'épicerie qu'un attentat a été commis la nuit précédente, une bombe posée par des « terroristes », que des Allemands ont été tués et que le quartier sera passé au peigne fin le soir même, quand les habitants seront rentrés. Il faut encore une fois rassembler au plus vite nos affaires, le linge mouillé – une partie sur nous, une partie dans les bagages –, le poste émetteur dans un sac, la petite machine à écrire camouflée dans une valise. Ainsi chargés, nous devons immédiatement quitter notre planque.

C'est complètement idiot, mais j'ai presque poussé un « Ouf ! » de soulagement. A l'intérieur de cet appartement, je nous sentais piégés, sans espoir de fuite, ni pour Pierrot ni pour les enfants.

Il nous fallait traverser une partie de Toulouse en ordre dispersé pour aller demander asile à une vieille amie des Audigé. Pierrot est parti en avant, les enfants et moi une demi-heure après. Cette brave femme voulait bien nous garder deux nuits, mais son logement était très petit et ses voisins la savaient sans famille. Nous allions donc devoir repartir une nouvelle fois. Mais nous aurions à faire particulièrement attention, car c'est un camarade à nous, Jacques Guillemin-Tareyre, qui avait déposé la bombe dans un cinéma réservé aux Allemands. Il avait été massacré par la Gestapo, et celle-ci se démenait.

Un changement mouvementé

Je nous revois tous les quatre longeant ce mur qui protège la voie ferrée et que nous devions suivre pendant près d'une demi-heure dans le petit jour pour rejoindre la gare. Nous remontions sur Paris. Il était impossible de retourner dans la région nantaise, et *Gérard* – Jean Gosset[2], le chef du réseau qui remplaçait Jean Cavaillès, arrêté – avait donné rendez-vous à Pierrot dans une brasserie près de la gare d'Austerlitz. Il n'y avait pas de jour précis, c'était à midi, pendant trois jours. La seule consigne de sécurité à respecter était de ne pas attendre plus d'un quart d'heure.

A la gare de Toulouse, pas de contrôle, nous montons dans le train sans encombre. Mais 100 km plus loin, arrêt : la voie a été coupée par des « terroristes ». Il faut descendre et marcher pour rejoindre un train formé à 3 km de là.

Claudine portait un sac et une valise. Dans le sac, le poste émetteur fabriqué par Pierrot. Si nous avions été fouillés, elle devait dire que, dans l'affolement, elle s'était trompée de sac.

---

2. Ancien élève de Jean Cavaillès, Jean Gosset était professeur de lettres. Démobilisé après Dunkerque, il s'était fixé à Sceaux.

Je marchais à côté d'elle, portant le petit (2 ans à peine) dans les bras, et une valise. Pierrot suivait, écrasé par tout notre bien, contenu dans deux énormes valises.

Nous devions courir, les gens nous bousculaient, ils craignaient que le train ne parte sans eux, c'était une vraie panique. Un soldat allemand m'a soudain pris de force le petit qui hurlait et s'est mis à le porter vers le train. Puis, voyant Claudine chargée, il lui a, à mon grand effroi, pris le sac des mains. Elle était aussi effrayée que moi, mais nous avions, si j'ose dire, un sacré passeport pour le poste émetteur. Le soldat nous a installés dans un compartiment puis est descendu aider d'autres voyageurs.

On hurlait que le train allait partir, et Pierrot, sur la voie, qui ne pouvait plus avancer ! Heureusement, l'obligeant Allemand est allé le chercher et, portant les valises, les a tous trois hissés dans notre wagon. Par une singulière ironie du destin, nous venions d'être sauvés par l'un de ceux que nous nous acharnions à combattre. Mais nous avions eu encore une fois très peur.

Le train n'était pas chargé, si bien que Pierrot, épuisé, a pu s'allonger sur la banquette, son fils dans les bras. Ils se sont immédiatement endormis. Claudine, allongée près de moi, s'est endormie à son tour... tant d'émotions ! Je les regardais tous les trois et j'étais heureuse : le train roulait, nous ne risquions plus rien jusqu'à la prochaine gare. Répit de courte durée, mais répit tout de même, après le danger. C'était toujours bon à prendre. Bien sûr, aux arrêts suivants il a fallu essayer de repérer les types de la Gestapo, mais nous avons fini par arriver à Paris. Il faisait nuit, nous avons trouvé un hôtel près de la gare. Nous avions faim, nous étions plus fatigués encore, aussi nous avons préféré dormir.

Le lendemain midi, après avoir trouvé un peu de nourriture pour les enfants, Pierrot à voulu que je l'accompagne au restaurant où il avait rendez-vous avec *Gérard*. Il pensait que cela semblerait naturel. *Gérard* était accompagné d'un jeune, ils discutaient tout en mangeant. Moi, je ne pouvais avaler une bouchée, j'étais trop angoissée : jamais je ne laissais les petits seuls. Le repas terminé, ils sont enfin partis, Pierrot avec le jeune. J'ai couru à l'hôtel retrouver les enfants et nous avons à nouveau attendu leur père. Il est arrivé très tard, tendu : il fallait déguerpir de toute urgence, l'hôtel réclamait les cartes d'identité pour le contrôle.

Nous avons dû nous réfugier chez un mécanicien-dentiste, Driessens, qui faisait partie du réseau. Nous sommes restés là deux jours, couchant par terre, mais il y avait heureusement un peu de nourriture. *Gérard* avait conseillé à Pierrot de retourner vers Caen où l'on aurait besoin de lui.

Comprenne qui voudra

Depuis cette malheureuse époque, il ne s'est pas passé un jour ou une nuit sans que je pense à la vie que nous faisions mener à nos enfants. L'entreprise dans laquelle je me suis lancée avec ce récit ravive mes doutes : avais-je le droit d'imposer à une petite fille de 11 ans cette existence de traquée, à un âge où une enfant a besoin de calme, de sérénité, d'une ambiance familiale heureuse ? Quelle image du monde adulte avons-nous pu lui offrir avec nos angoisses, nos départs précipités, les fables à raconter aux autres, les planques et cette fuite perpétuelle, cette errance de neuf mois à travers la France occupée ? Nous avons dû lui enseigner la méfiance lorsqu'il aurait fallu l'aider à s'ouvrir sur le monde. Elle était – elle est toujours – très intelligente, discrète mais comprenant tout, et, comme elle avait peur, elle en a été marquée pour la vie.

Mais je m'interroge encore : comment aurions-nous pu faire autrement ? Le dilemme est infernal. Le cercle familial était très uni, dans un amour fort et réciproque. Claudine avait pour son père une très grande affection, elle l'admirait beaucoup. Lui, Pierrot, adorait sa fille, il était si fier d'elle... Ils s'entendaient admirablement. Elle comprenait beaucoup trop de choses, c'est certain, mais je crois qu'elle voulait par-dessus tout être à la hauteur de la situation et de ce qui lui était demandé. J'insiste sur ce mot : demandé, pas ordonné, surtout pas. Nous n'employions pas non plus cette espèce de chantage larvé qui consiste à dire : « Tu es grande. Tu peux, tu dois faire cela. » Non, simplement nous lui demandions son aide avec toute l'affection que nous lui portions. Elle a certainement conservé des séquelles de la peur éprouvée à cette époque, hélas ! mais je sais qu'elle réalise à quel point son père l'aimait et avait confiance en elle. Sans elle, comment aurions-nous fait tous les trois ?

Le petit ne pouvait pas comprendre dans quelle situation nous nous débattions. Bien sûr, il devait se taire instantanément dès qu'on lui faisait signe, qu'il joue, rie ou pleure, mais c'était pour lui davantage un jeu qu'une contrainte. Car nous mettions en œuvre ce qu'on pourrait appeler le « jeu de la conspiration du silence ». Nous placions notre index sur nos lèvres en disant tout doucement « Chut !... », puis l'un de nous ajoutait à voix basse : « Il ne faut pas qu'on nous entende. » Et le petit bonhomme mettait aussitôt son doigt sur sa bouche, il hochait la tête, il avait compris. Jamais cela n'a raté, malgré le jeune âge des conspirateurs.

Nous menions une vie folle, mais nous veillions sur nos enfants. A Caen, début avril 1944, Papou a fait une otite. Pierrot nous a envoyés consulter un spécialiste, le docteur Quermone. Mais il y avait tant de monde à la consultation que, quand arriva l'heure de fermeture du cabinet, nous n'étions pas passés. Le petit avait très mal. C'est terrible de voir souffrir son enfant en se disant qu'il faut qu'il guérisse, et guérisse vite car il va falloir repartir, quel que soit son état. Claudine en savait quelque chose, qui avait dû marcher avec une entorse mal consolidée quelque temps auparavant. Dès son retour, vers 20 heures, Pierrot est parti chercher le docteur après m'avoir reproché de ne pas m'être fait connaître au cabinet. Je ne pouvais pas deviner qu'après avoir refusé tout paiement pour ses soins, le docteur Quermone allait prendre congé de Pierrot sur ces mots : « A demain, même endroit. Vous me donnerez des nouvelles. » Il faisait partie du réseau ! C'est à ce moment que j'ai mesuré l'imprudence de Pierrot : pour soulager son fils, il avait fait venir chez son hôte un membre du réseau, au mépris de la sécurité collective et de la sienne propre.

Durant toute notre vie clandestine, je crois que Pierrot et moi avons su conserver notre calme et masquer suffisamment notre angoisse pour ne pas alarmer les enfants. Pour eux, nous étions le bastion, l'amour, la force et même, hélas ! la sécurité. Ils acceptaient tout et surtout savaient attendre, pour manger, pour dormir, attendre pour tout, le plus souvent en espérant Pierrot tous les trois. Et moi, pour meubler ces attentes si pesantes en fait, si répétées, je devais parler, de tout, de rien, pour ne pas laisser s'installer le silence angoissant qui m'effrayait et aurait pu leur faire peur. En réalité, ils étaient courageux, très courageux. Pierrot avait des enfants à sa mesure.

Contrairement à ce que pourraient penser certains, il régnait une grande chaleur dans notre foyer déséquilibré. Aurions-nous pu continuer autrement ? Nous nous efforcions d'élever les enfants suivant les principes qui nous paraissaient justes. C'est ainsi que, la part faite aux nécessités absolues de notre sécurité, nous ne dressions absolument pas Claudine et

Papou à mentir. Nous leur avions simplement dit depuis longtemps qu'ils n'avaient pas à répondre aux questions que d'autres pourraient leur poser. N'est-ce pas un des préceptes de notre religion catholique qu'on ne doit la vérité qu'à ceux qui ont le droit de la demander ? De toute façon, je n'aurais pu confier les enfants à qui que ce soit, de même que je n'aurais pu abandonner leur père. Pour lui c'était pareil. Nous étions un tout. Pierrot, par une sorte de superstition, pensait que nous devions rester tous les quatre ensemble, qu'ainsi soudés nous ferions front et qu'il ne pourrait rien nous arriver.

Ainsi vivions-nous en marge de la société, repliés sur nous-mêmes, nous satisfaisant de notre mutuelle présence. Mais quel monde aurions-nous pu donner à voir à nos enfants, sinon celui du moment, c'est-à-dire celui de la lâcheté et de la veulerie du plus grand nombre camouflées sous le masque de l'indifférence et du quant-à-soi ? Cet individualisme forcené, qui faisait les beaux jours du système D et du marché noir, remplissait les poches des B.O.F.[3] et fermait les yeux sur la collaboration et la délation. Ne valait-il pas mieux que, pour atroce que fût cette « chienne de vie », nous leur donnions l'exemple de citoyens, d'adultes responsables ? N'était-il pas préférable pour eux de pouvoir regarder leurs parents en face et aborder par la suite la vie la tête haute ? Leur père leur a fait honneur à tous les deux.

Évidemment, sur le moment ils ne pouvaient s'en rendre compte – bien qu'ils l'aient déjà chèrement payé –, mais ils l'ont parfaitement réalisé ensuite. Et s'ils ont souffert durant ces mois affreux, ils ont été beaucoup plus malheureux pendant les

---

3. Beurre-Œufs-Fromage. Ainsi la *vox populi* désignait-elle les commerçants enrichis par le marché noir.

années d'après guerre, car ils ont vu, comme moi, le spectacle de l'injustice : les enfants d'épiciers enrichis par les trafics pendant l'Occupation, les enfants de dénonciateurs de juifs, de résistants, ne manquer de rien, afficher même impudemment leur opulence, ce bien-être acquis en profitant de la misère générale, alors que nous rencontrions tant de difficultés pour nous procurer le strict nécessaire.

Quoi qu'il en soit, Claudine et Papou peuvent regarder n'importe qui en face : s'ils ont réussi dans la vie, ils ne le doivent qu'à leurs propres forces et à leur père qui, en plus de son exemple, leur a transmis son intelligence et son courage. Ils me le doivent un peu aussi, bien sûr, mais parce que je me suis toujours sentie soutenue par Pierrot.

Alors, pouvions-nous faire autrement ? Je l'ai pensé à maintes reprises et m'en suis ouverte à Pierrot, au cours de scènes parfois douloureuses. En définitive, nous avons poursuivi comme nous avions commencé.

Pour parer à toute éventualité, nous avions préparé nos interrogatoires en cas d'arrestation et jusqu'à notre confrontation. Pierrot me trompait outrageusement, et je le lui rendais bien. Évidemment, j'ignorais ce qu'il faisait, une seule chose m'intéressait : il me donnait beaucoup d'argent. Pierrot était certain d'être pris le premier, il savait qu'il ne parlerait pas. « Ils t'arrêteront ensuite. Tu dois pouvoir les rouler, mais mets les enfants à l'abri dès mon arrestation. Il ne faut pas qu'ils les trouvent. »

« Chez Denise »

Arrivés à Caen, nous avons très vite été cachés chez un pépiniériste près de la Prairie. Pas plus de trois jours : la maîtresse de maison avait très peur, et nous la comprenions trop bien. Nous avons dû quitter encore ce refuge et aller nous installer dans un hôtel louche, *Chez Denise*. Nous y sommes restés huit jours. Certes, la patronne ne nous a pas mis dehors, mais elle nous a donné de bonnes raisons de partir. Certains de ses clients posaient des questions, car il venait là surtout des Allemands « de passage » et quelques saletés de la Gestapo.

C'est pendant notre court séjour chez « Denise » que Pierrot a revu son père et son frère. Ils sont venus partager le maigre repas que j'avais pu préparer dans cette pièce où nous étions cachés.

Pierrot aurait voulu revoir sa grand-mère, mais elle était restée à Luc : à 92 ans elle ne se déplaçait plus que très rarement.

L'ambiance du repas fut pénible. Au début, le professeur Audigé voulut sermonner Pierrot. C'était évidemment trop tard et bien inutile. Pauvre pépé, il était là, accablé, impuissant à aider son fils, à nous réconforter. Quand l'atmosphère a été un peu plus détendue, Pierrot a profité du fait que son frère, le docteur Audigé, allait et venait en zone côtière interdite pour lui soutirer des renseignements sur les défenses ennemies – la conversation roulait comme par hasard sur le probable débarquement.

Sans m'en avoir avertie, Pierrot a ensuite demandé timidement à son père s'il pouvait prendre nos deux enfants chez lui. Je l'entends encore lui dire : « Vois-tu, papa, ce qui me ronge, ce sont les petits. Les arrestations se multiplient, les Alliés tardent. Nous ne tiendrons plus longtemps. Si je suis pris, j'ai bien peur de ne pas m'en sortir. » (Il parlait peu de cette éventualité, et toujours en touchant du bois.) Il a ajouté : « Simone ne leur échappera pas non plus, mais je pense qu'ils ne la garderont pas. Le problème, ce sont les enfants : que vont-ils devenir ?... » C'est bien tristement que pépé s'est excusé de ne pouvoir les recueillir. La grand-mère était beaucoup trop âgée, et lui pas très en forme. « Et puis, avait-il ajouté, la Gestapo les retrouverait très vite et viendrait les chercher chez nous. » Nous avons très bien compris. C'était insensé de lui demander cela, mais c'était notre dernière cartouche. Nous avions essuyé déjà tant de refus – j'oserai presque dire : injustifiés –, alors que là, c'était compréhensible.

Quand, le repas terminé, il a fallu se séparer, mon beau-père pleurait et Pierrot n'était pas loin des larmes, lui qui ne pleurait jamais. Il a dit en embrassant son père : « Allons, papa, je peux peut-être m'en tirer, il y a des miracles. Demande à Simone, elle y croit. » Il lui a recommandé d'embrasser très fort « maman » – c'est ainsi qu'il appelait sa grand-mère, qui l'avait élevé –, et surtout de ne pas lui dire la vérité.

Quand mon tour est arrivé de dire au revoir à mon beau-père, il m'a murmuré : « N'abandonne pas Pierrot. Je te fais confiance pour lui et pour les enfants. Tu trouveras un moyen, j'en suis sûr. A bientôt. »

Eux partis, Pierrot m'a regardée, et très gravement il m'a dit : « Ma pauvre Nanoue, dans quel pétrin je t'ai entraînée !... Mais rappelle-toi, tu m'as promis de mettre les enfants à l'abri et de tenir le coup. Il va le falloir, tu sais... même s'ils m'arrêtent et s'ils me tuent, tu dois tenir !... »

Les « soirées de Saint-Jo »

Pierrot, qui avait repris en main son « réseau » laissé à Alexis Lelièvre plus d'un mois, a décidé avec ce dernier que, tout compte fait, nous serions mieux encore une fois chez eux. C'était cependant très dangereux pour eux, mais Alexis comme Yveline étaient d'accord, ils n'ont pas hésité. Ils pensaient aussi que le débarquement n'allait pas tarder, et, comme Alexis et Pierrot devaient se voir, se rencontrer beaucoup, ils pourraient, disaient-ils, « comploter » plus facilement planqués chez eux qu'à la sauvette.

Nous sommes donc venus envahir le petit appartement. Ce logement présentait la particularité, intéressante dans notre situation, d'offrir deux entrées – et donc, surtout, deux issues –, la principale donnant sur la rue Saint-Manvieu et l'autre sur la rue Saint-Martin. Celle-ci était desservie par un couloir sombre qui permettait d'abord l'accès aux étages. Les Lelièvre habitaient le rez-de-chaussée, et il fallait un œil averti pour distinguer leur porte dans la pénombre.

Tous les soirs, les hommes sortaient ensemble pour aller à l'institution Saint-Joseph où se trouvait toute une équipe de résistants.

Il me paraît intéressant d'écrire ici quelques lignes sur le travail des groupes et des agents mis en place ou contrôlés par Pierrot et Alexis dans le Calvados, la Manche et l'Orne. Bien sûr, je ne les connais pas tous, mais je voudrais citer ceux dont j'ai eu connaissance et expliquer en quoi constituaient leurs activités de renseignement. Je me bornerai à ce secteur géographique, car un écrivain historien se charge d'évoquer le réseau Cohors-Asturies en pays nantais, dont quelques agents ont, Dieu merci, survécu. En ce qui concerne notre région, personne, à ma connaissance, n'en a jusqu'ici parlé, et je n'ai retrouvé qu'un seul agent, M. André Heintz. Ce sont mes souvenirs, étayés des précisions apportées par ce dernier, qui me permettront, j'espère, de rendre justice à quelques oubliés de l'Histoire avec un grand H. Je me cantonnerai également aux seules activités de renseignement, car je n'avais pas connaissance des actions de sabotage exécutées par le réseau, sauf quelquefois après coup.

Remontons donc le temps. En octobre 1943, lorsque Pierrot a recruté Alexis Lelièvre, celui-ci n'attendait que cela. Pierrot avait bien quelques agents, mais grâce à Alexis, le réseau s'est agrandi, enrichi. Alexis a pu contacter André Heintz par le biais de M. Toutain, un homme d'une cinquantaine d'années qui travaillait à la préfecture.

M. André Heintz était un très jeune professeur d'anglais qui faisait partie depuis longtemps de l'O.C.M.[4] mais avait dû couper les ponts à la suite d'arrestations. Lui-même avait été désigné pour partir travailler en Allemagne comme « requis ». Il avait pu échapper à cet exil forcé et était depuis camouflé à l'institution Saint-Joseph à Caen, dont le directeur, M. Le Gall, l'avait « embauché » comme professeur d'anglais. Ce digne homme prenait là un risque considérable, car l'institution Saint-Joseph était alors complètement occupée par les Allemands, si bien que les classes étaient réparties en deux endroits : une partie à la gare Saint-Martin, l'autre à l'orphelinat Saint-Vincent-de-Paul, rue de Bayeux. M. Heintz n'était pas le seul à bénéficier de cette hospitalité, car d'autres « irréguliers » refusant le travail en Allemagne partageaient sa planque.

Dès qu'André Heintz fut recruté par Alexis, ce petit noyau qui se faisait appeler le groupe de Saint-Jo de Libération-Nord fit partie de celui de Pierrot et d'Alexis. Qui étaient-ils ? Des jeunes de 17-18 ans : Lézy, dont le pseudo était *Motus* ;

4. Organisation civile et militaire. Reliée par la suite au réseau national Centurie, l'O.C.M.- Calvados, née à Bayeux, était dirigée dans cette ville par un officier, M. Delente, et à Caen par le colonel Corbasson.

un certain *Maté*, pseudo choisi en raison du prénom de sa promise, Marie-Thérèse ; *Conto* qui servait de boîte aux lettres ; Pierre Robinet, un garçon d'une vingtaine d'années, étudiant en droit ; Toupin, dessinateur qui fabriquait des faux papiers et devint architecte ; *Durand*, lointain descendant du général Marbot dont il portait le nom ; Daboust, qui put prendre contact avec les Anglais à leur entrée dans Caen, et bien d'autres dont je n'ai rien pu savoir. Faisaient aussi partie du réseau des hommes d'âge plus mûr : le docteur Le Bars, par exemple, qui pouvait avoir dans les 32 ans, le docteur Quermone, sans doute quinquagénaire, un architecte breton du même âge que Le Bars, ou l'abbé Bousso, quadragénaire.

Tous ces agents, selon la consigne, ne se connaissaient entre eux – et ne se réunissaient donc – que cinq par cinq au maximum, cela afin de restreindre les risques de repérage et d'éviter la chute de pans entiers du réseau en cas d'arrestation. La consigne était si bien appliquée que, par exemple, Pierrot n'a jamais rencontré André Heintz (dit *Théophile*) et qu'Alexis n' a jamais vu *Robert*, le docteur Le Bars, Quermone, pas plus que l'architecte breton dont j'ai oublié le nom ni, je crois, l'abbé Bousso. Pour ce dernier, curé d'Ouilly-le-Tesson, j'étais au courant. Pierrot m'en avait parlé comme d'un agent formidable, un dur d'un cran incroyable. Non seulement il apportait des renseignements, cachait des résistants, des parachutistes, mais il était toujours prêt à faire le coup de feu s'il le fallait. Quant aux sabotages, c'était sa spécialité. A ce groupe de Saint-Jo s'étaient joints Jean Rivaille et quelques scouts. Je donne ces noms en pensant que, sans doute, il reste des survivants éparpillés qui seraient peut-être contents de se retrouver.

La collecte des renseignements se faisait de façon systématique. Toutes les semaines, chaque agent devait fournir un rapport, qui se présentait sous forme d'un questionnaire à remplir. Combien ont risqué leur vie pour ces questionnaires !...

Chaque zone était passée au crible. Il fallait par exemple signaler l'implantation des « asperges de Rommel[5] », faire le relevé des fossés antichars cernant Caen, notamment vers Lebisey et Cambes-en-Plaine, donner la situation et indiquer les mouvements des postes de D.C.A. – à repérer en priorité. Un des agents du groupe avait réussi à déceler l'implantation de V1 dans la carrière des Aucrais sur la route de Falaise. Les questions posées étaient souvent redoutablement précises. En ce qui concerne l'état-major, entre autres, il fallait indiquer évidemment combien de soldats composaient la garnison, à quelle distance se trouvait le cantonnement, mais aussi à quelle heure avait lieu la relève de la garde !... Les renseignements les plus difficiles à obtenir concernaient l'armement ennemi, le calibre des canons, par exemple. C'était pratiquement impossible à relever, car les Allemands ne les amenaient qu'une fois les lieux complètement évacués, ce qui rendait caduque la question : « Combien d'hommes jugez-vous nécessaires pour investir l'ouvrage ? »

Je me suis souvent demandé – et encore aujourd'hui – si le jeu en valait vraiment la chandelle, si ces renseignements, recueillis et transmis souvent au péril de la vie des agents, servaient à quelque chose. J'ai même parfois douté que les questionnaires fussent réellement dépouillés. Évidemment, les décisions incombent aux états-majors, mais nous finissions par nous étonner de ne jamais constater les effets concrets de l'activité du réseau. Alors que Caen et la région étaient écrasés

5. Pieux plantés dans le sol et destinés à empêcher l'atterrissage des avions alliés sur les prairies.

sous un tapis de bombes, pas une seule d'entre elles n'a touché le repaire de V1 de la carrière des Aucrais. Un comble ! Pierrot m'a expliqué que les questionnaires étaient regroupés et que les réponses n'étaient exploitées que si elles coïncidaient en nombre suffisant pour avoir une signification statistique, mais j'étais et je reste très sceptique. Avec les forces aériennes mises en œuvre sur Caen, il ne devait pas être difficile d'arroser la carrière « à tout hasard », ou, si l'on préfère, « par acquit de conscience ».

J'allais oublier notre « travail », à Yveline, son fils aîné, Claudine et moi. Nous devions repérer l'implantation des troupes et établir la zone d'étalement de chaque unité. Pour y parvenir, nous cherchions les *totems* sur les véhicules allemands et les inscrivions aussitôt. Le soir, nous nous amusions à comparer nos petits papiers et nous regroupions nos informations. Pour nous aider, nous avions reçu une sorte de tableau qui donnait la couleur et le dessin des *totems* ainsi que la forme et la couleur des fanions. Nous pouvions ainsi transmettre au réseau les renseignements sur les déplacements des unités ennemies.

Corbeau

En dehors des « soirées de Saint-Joseph », Alexis et Pierrot multipliaient aussi les contacts, donnant des rendez-vous dans des cafés, variant les heures, les lieux – rue Froide, rue d'Auge, rue Saint-Gabriel –, en respectant toujours la sacro-sainte consigne des cinq éléments maximum.

Les relations avec Paris avaient repris. *Thérèse* arrivait tous les mardis au premier train, déjeunait avec nous chez les Lelièvre et assistait souvent au rendez-vous du soir à Saint-

Joseph. Elle couchait à l'hôtel et repartait le mercredi matin pour la capitale.

Pierrot avait recruté en campagne un agent que, pour les besoins de la cause, nous appellerons *Corbeau.* Il s'était présenté à lui comme échappé des mains des Allemands et voulant « servir ». Il pouvait avoir des renseignements intéressants. Je ne l'aimais pas du tout, je me méfiais de lui : il ne regardait jamais en face. J'avais obtenu de Pierrot qu'il ne le rencontre jamais hors de ma présence.

Corbeau ne connaissait physiquement aucun autre membre du réseau, pas même Alexis qui n'était pour lui qu'un contact téléphonique. Bien que ne faisant pas moi-même partie, au sens strict du terme, de l'équipe, j'ai dû pourtant aller seule une fois à un rendez-vous donné par ce type. Pierrot, empêché en dernière minute, ne pouvait s'y rendre. Corbeau avait dit au téléphone à Alexis qu'il avait un gars à présenter à Pierrot.

Le rendez-vous était fixé dans un petit café pas très reluisant, au bas de la rue Écuyère. Bien entendu, avant mon départ, Pierrot m'avait fait toutes les recommandations nécessaires : « Fais attention. Écoute, ne parle pas. Tu donnes le jour du prochain contact et tu pars en m'excusant. Mais surtout tu regardes bien autour de toi. » Quand je suis arrivée, *Corbeau* était attablé avec deux garçons très jeunes, qui m'ont semblé sympathiques. J'ai transmis la commission. *Corbeau* faisait la roue devant ces deux garçons, parlant haut sans aucune précaution. J'ai seulement compris qu'un des deux était de Hamars et qu'un troisième ami à lui devait arriver. Il voulait que je l'attende. J'ai refusé et je suis sortie. Il m'est resté un certain malaise, un peu de répulsion, même, pour *Corbeau.* Il semblait jouer avec ces deux jeunes trop admiratifs devant ses vantardises. J'avoue avoir recherché ce garçon de Hamars après la Libération. J'avais peur qu'il n'ait été trahi. Je n'ai rien pu savoir.

Le vendredi 14 avril, *Corbeau* a téléphoné de Cherbourg à Alexis pour annuler le rendez-vous qu'il avait le lendemain avec Pierrot et le reporter au lundi 17 au même café. Aucun de nous n'a pensé que, Cherbourg étant zone côtière interdite, *Corbeau* ne pouvait téléphoner de cette ville.

Il est vrai qu'à ce moment Pierrot avait brûlé ses vaisseaux : devant l'imminence du débarquement et l'impérieuse nécessité de fournir le maximum de renseignements pour le faciliter, il arrivait à ne plus penser au danger. Quel courage il lui a fallu pour poursuivre la lutte dans ces conditions. Tous ceux qui ont travaillé avec lui le savent, Pierrot recevait les informations, mais s'il fallait « aller au charbon », c'est lui qui se mettait en avant. C'était un organisateur mais pas un bureaucrate. Loin d'être inconscient, il était simplement déterminé, il assumait pleinement ses responsabilités, sans en tirer la moindre vanité. Il travaillait dans l'ombre, efficacement mais dangereusement. Je ne l'ai cependant jamais entendu se plaindre, et je crois que c'est cette force, cette assurance mêmes qui nous donnaient confiance, aux enfants et à moi. Je n'ai, à aucun moment, douté de lui. Vraiment, ce n'est qu'à notre dernière planque que j'ai été prise de terreur et que je l'ai supplié de quitter Caen avec nous. Pierrot était trop connu dans la région, et je l'avais décidé à m'écouter. Nous devions partir le 20 avril pour Argentan...

La décision prise, la nuit du 16 a été moins angoissante pour Pierrot et moi. Bien sûr, il cherchait comment conserver les contacts à partir d'Argentan, mais il pensait que j'avais raison, qu'il était nécessaire de partir. Nous avons malgré tout, comme chaque soir, partagé notre argent en deux. Pourtant l'espoir pointait, le débarquement approchait et nous devions nous en tirer.

Le lendemain, lundi 17 avril, nous nous préparions à partir au rendez-vous avec *Corbeau*. La rencontre était prévue dans un café-épicerie de la rue Saint-Martin, le café Recton, pas loin de chez Lelièvre – *Corbeau* ignorait évidemment où nous logions. Le contact était fixé à midi, comme d'habitude. A midi moins dix, j'avais couché le petit, et Pierrot m'attendait. J'enfilais mon manteau, quand Papou s'est mis à hurler. Jamais il ne pleurait. Je cours dans la chambre, il avait très peur : le petit garçon des Lelièvre (4 ans) avait mis une araignée sur son oreiller, et il était inconsolable. Je demande à Pierrot d'attendre que je l'aie calmé, mais il tenait à être à l'heure. Il me dit : « Dépêche-toi et viens me rejoindre dès que possible. » Le temps de recoucher et d'endormir le petit, il était midi vingt.

J'arrive en courant au café : personne. J'interroge la patronne. Elle me connaissait bien et me raconte ce qui s'est passé.

Pierrot est pris.

Corbeau était arrivé à midi cinq. Il a jeté un coup d'œil dans la salle, n'a pas vu Pierrot. Il a dit à la patronne : « Je ressors acheter des enveloppes. » Elle lui a fait remarquer qu'elle en vendait, mais il a préféré aller en acheter à la librairie à côté. Bien sûr, c'était le signal pour la Gestapo. Pierrot est arrivé cinq minutes après, préoccupé. Il n'a pas remarqué la traction avant, il est entré dans le café. A peine était-il assis que *Corbeau* est arrivé et lui a tendu une enveloppe en disant : « Voici les défenses côtières que vous m'aviez demandées. » A ce moment, des deux côtés du café, six hommes de la Gestapo ont bondi sur Pierrot en criant : « Tu es Audigé, on t'a enfin trouvé !... » Évidemment, Pierrot avait choisi un endroit à deux issues, mais *Corbeau* le savait également et, par voie de conséquence, les Allemands aussi. Pierrot avait de faux papiers, mais ils lui ont passé les menottes ainsi qu'à *Corbeau*.

La patronne du café a confirmé ce récit lors du procès de *Corbeau* où elle est venue témoigner après la Libération. Par le maire de Mutrécy qui a vu Pierrot à la prison et qui, lui aussi, a témoigné au procès, j'ai su qu'en arrivant à la Gestapo ils ont libéré *Corbeau* devant Pierrot en lui disant : « Tu peux partir, tu es payé, tu as fait ton sale boulot. »

Pierrot n'a pas parlé. Et si Alexis a été arrêté, lui, à 14 heures à l'Assistance publique, c'est que *Corbeau* avait donné le renseignement (le numéro de téléphone). Il aurait touché 100 000 F de cette époque pour les deux. Je ne suis pas sûre de la somme, mais c'était pour de l'argent, c'est certain.

II

Un dentiste bien tranquille

Un amour de 13 ans

Comment avions-nous pu en arriver là ? Et comment la jeune fille assez gourde que j'étais avait-elle pu devenir l'épouse d'un chirurgien-dentiste et se retrouver entraînée dans une aussi extravagante et dramatique aventure ?

C'est ce que je voulais tenter de m'expliquer en mettant noir sur blanc les souvenirs que j'avais conservés de cette époque. Tant qu'à raconter notre malheureuse histoire, autant remonter à la source. Je pensais rédiger un petit récit, mais je crois bien que je ne l'aurais jamais fait sans cet écrivain breton[1] qui consacre une grande partie de son temps à écrire des livres sur la Résistance. Il m'a contactée, car il préparait un volume sur la Résistance en pays nantais, et m'a demandé quelques feuilles concernant mon mari, qui il était et quel avait été son rôle à l'époque. Je lui ai donc transmis ce qu'il me demandait, mais il m'a téléphoné alors pour réclamer d'autres pages, sur moi, mon arrestation, notre vie clandestine. Je m'y suis mise et lui ai expédié le tout. Je l'ai rencontré depuis et, bien entendu, de ces longues pages il ne retiendra que peu de chose. Alors c'était parti : j'ai décidé de

1. René Pichavant, journaliste, écrivain, auteur de nombreux ouvrages, dont quatre tomes de « récits d'histoire » réunis sous le titre *Clandestins de l'Iroise* et consacrés à la Résistance en pays breton.

tout reprendre et de faire une relation peut-être plus personnelle des événements.

Dans mes souvenirs d'enfants, avec mes deux sœurs aînées qui étaient très belles, mon frère qui n'était pas mal du tout et surtout ma sœur Denise qui était d'une intelligence remarquable et dotée d'un culot au moins égal, je n'étais pas de taille, si j'ose dire – je ne dépasse pas 1 m 45. Je manifestais, je crois, une timidité exagérée. J'étais très heureuse, mais jamais je ne tenais tête, je ne m'en sentais pas capable. Que de fois Denise m'a-t-elle lancé : « Ce que tu peux être gourde !... » Avec les années, le phénomène s'est précisé : je n'avais pas confiance en moi, j'étais trop gourde, quoi ! Le malheur, c'est qu'il était inutile de me le dire, je m'en rendais très bien compte. Mais que faire ?

Un jour, mon frère a ramené à la maison un très bon copain, Pierrot. Je dirai plus loin qui il était exactement. Il avait 17 ans, j'en avais alors 13, et il était étudiant à Caen. J'allais encore à l'école. Très vite, je l'ai admiré. Il était plein d'humour et de gentillesse, et son accent toulousain ajoutait encore à son charme – je suis moi-même originaire du Sud-Ouest. Peut-être ce dernier trait nous a-t-il rapprochés, dans un milieu normand finalement assez froid. Toujours est-il que je l'ai aimé. C'est un peu idiot, un amour de 13 ans... mais pas tant que cela, puisqu'il a duré une vie. Bien sûr, je n'en laissais rien voir, surtout pas ! A cette époque, Pierrot papillonnait beaucoup. Toutes mes camarades en étaient folles. Je me serais bien gardée d'entrer en compétition.

C'était l'époque où l'on échangeait des « billets doux ». Pierrot écrivait très bien, à l'une ou l'autre de mes copines, et je servais de facteur. Cela se passait en douce, derrière le dos des parents, ce qui ajoutait évidemment du piquant à la chose.

Mais voilà : aux lettres il fallait répondre. Alors Simone, Henriette ou d'autres faisaient appel à moi. Je n'étais pas mauvaise en français, elles le savaient, et pour moi c'était facile d'écrire à Pierrot, puisque je l'aimais. Je rédigeais à leur place, et il leur suffisait de recopier ma prose. Je remettais ainsi les lettres de chaque côté, et le système fonctionnait à la satisfaction générale.

Puis un jour une fille est apparue, que je connaissais peu. Elle avait 16 ans et ne faisait pas partie de ma classe. Elle ne se contentait pas de flirt épistolaire, elle « couchait ». Pierrot allait la retrouver le soir, paraît-il. Je l'ignorais, jusqu'au jour où, scandale au village, les parents de cette fille l'ont fait enfermer à la Charité[2]. On ne plaisantait pas avec ces choses alors, et c'est souvent ainsi que les parents intervenaient. Naturellement, Pierrot n'était pas le seul à profiter des charmes de la demoiselle. Pourtant, lui devait l'ignorer, puisqu'il m'a demandé « un grand service » : aller voir cette fille à Caen. A-t-on déjà rencontré une telle gourde que moi ? Non sans doute ! Car, en me cachant de ma famille, j'ai fait ce que Pierrot désirait. J'étais un peu inquiète, mais les religieuses m'ont bien reçue. A coup sûr elles m'ont jaugée très vite : elles m'ont dit gentiment que cette fille ne voulait pas me voir, qu'elle sortait bientôt mais qu'il serait préférable que je cherche d'autres camarades...

Moi, je n'avais pas très bien compris ce que je faisais, la sottise de ma démarche, mais quand j'ai rendu compte à Pierrot du résultat de ma visite à la Charité, il a été soufflé : « Vous avez osé y aller !... » Il ne s'est pas moqué de moi, du

---

2. Il s'agit de la communauté des sœurs de la Charité, qui s'occupait des délinquantes mineures. En fait, une sorte de « maison de redressement ».

moins pas ouvertement, mais il m'a bien recommandé de ne pas y retourner.

L'échange de lettres platoniques avec mes copines a continué, mais un jour la supercherie a été découverte. Pierrot a bien ri, moi moins. Cette correspondance s'est donc arrêtée, mais nous sommes restés très copains. Une chose m'étonnait : il était vraiment moqueur, or jamais je n'en faisais les frais. Il tutoyait toutes mes camarades, alors que nous nous disions « vous », lui et moi. J'étais très jeune, mais dans cet amour que je vouais à Pierrot, il y avait surtout une grande tendresse. Tout compte fait, je me disais que, si ses déclarations s'adressaient aux autres et pas à moi, j'avais tout de même la meilleure part. Par la suite, parlant de cette période et d'autres, combien de fois ne m'a-t-il pas dit, avec ce sourire qui n'appartenait qu'à lui : « Ma pauvre Nanoue, ce que tu pouvais être gourde ! Mais même à présent, n'accepte pas, rebiffe-toi, attaque, toi aussi !... » J'ai été contrainte de le faire par la suite, et j'ai pris beaucoup d'assurance à présent que je n'en ai plus tellement besoin.

Puis les années ont passé. Pierrot, parti à Paris, m'avait écrit deux très gentilles lettres, très amicales, et qui m'avaient comblée. J'avais caché ces deux missives et je les relisais, le soir. Mes deux sœurs n'ont rien trouvé de mieux que de fouiller dans mes affaires pour découvrir ce que je dissimulais. Comme je leur en ai voulu ! Elles se sont moquées de moi, surtout parce qu'il n'y avait rien à cacher, en réalité, et la sentence habituelle est tombée : « Quelle gourde tu fais !... » J'en ai pleuré. Meurtrie dans mes sentiments, j'ai conçu de cette intrusion dans mon jardin secret l'horreur d'être indiscrète. Je me suis renfermée dans ma coquille, et les moqueries de mes sœurs n'ont fait que renforcer cet amour que je gardais pour moi seule.

J'ai voulu écrire ces lignes d'abord en hommage à mon mari, Pierre Audigé. Alors, avant tout, qui était-il ?

Pierre Audigé naît le 15 août 1908 à Toulouse. Son père est professeur à la faculté des sciences de cette ville. Il a un frère de trois ans son aîné. Leur mère meurt lorsque Pierre a 8 mois. La mère du professeur vient élever ses deux petits-fils et restera jusqu'à sa mort auprès de son fils.

La guerre de 14 éclate, Pierrot a 6 ans, son frère 9. Leur grand-mère reste avec eux tandis que le professeur Audigé, bien que docteur en médecine, fait toute la guerre dans les corps-francs : lance-flamme... Il recevra la Légion d'honneur sur le front. Ne tenant pas compte de sa situation familiale, l'armée l'envoie faire de l'occupation en Allemagne. Quand il rentre à Toulouse, sa place à la faculté est prise. Il doit choisir entre Strasbourg et Caen. Il opte pour Caen et part donc fin 1919 en Normandie avec sa mère et ses deux garçons. Ils s'installent à Luc-sur-Mer, à 16 km de Caen, car cette charmante station balnéaire est équipée d'un laboratoire maritime. Tous les matins, le père et ses fils partiront pour Caen, le père à la faculté des sciences et à l'école de médecine, Pierrot et son frère au lycée Malherbe.

Pierrot fut un élève aussi brillant que turbulent, ce qui n'est pas peu dire – on l'a vu plus haut. Il passera « ses bacs » et restera un an à Caen chez un dentiste, car à cette époque il fallait faire un an de stage avant d'être admis à l'École dentaire à Paris pour devenir chirurgien-dentiste. Cette année à Caen lui servira beaucoup par la suite, car, affecté au « labo », il va apprendre les techniques de la prothèse dentaire, ce qui lui permettra ultérieurement de prendre des empreintes pour les fausses cartes d'identité avec cachets dans la Résistance.

Après ce stage, il part donc à Paris pour trois années à l'École dentaire. De notre côté, ma sœur Denise et moi devons « monter » à la capitale pour travailler. J'avais 17 ans et sortais de l'école primaire supérieure[3]. L'état des finances familiales nécessitait que nous commencions à gagner notre vie. Nous en profitions pour sortir le plus souvent possible avec Pierrot et l'un de ses amis.

Ce qui devait arriver arriva : Pierrot s'aperçut enfin que j'existais et que nous nous aimions. Nous nous sommes donc mariées, ma sœur et moi, chacune avec un dentiste. Bien sûr, le mien c'était Pierrot...

Je continuai à travailler pendant que Pierrot terminait ses études, et notre fille avait un an quand, son diplôme en poche, il partit effectuer son service militaire à Rouen.

Dès qu'il eut retrouvé la vie civile, nous partîmes tous les trois au Havre. Pierrot était opérateur dans un gros cabinet dentaire afin de gagner l'argent nécessaire pour pouvoir s'installer à son compte.

Dentiste à Nantes

Il nous fallut trois ans de travail et d'économie pour que Pierrot puisse enfin acheter son cabinet. C'est à Nantes que nous avions déniché l'oiseau rare : un cabinet qui battait de l'aile, certes, mais dont le prix correspondait à l'état de notre fortune, et que nous pouvions payer en deux ans. Il était situé en plein centre de Nantes, 9, rue Boileau. Notre domicile était en dehors de la ville, près du parc de Procès. Nous occupions

3. L'école primaire supérieure préparait au brevet élémentaire. C'était la voie classique pour entrer à l'école normale et devenir institutrice.

un pavillon fort agréable avec un jardin, et nous étions entourés de voisins charmants, de très braves gens, comme on l'a déjà vu en ce qui concerne les Nouël.

Nous arrivions donc en juin 1937 dans une Celta-quatre bien essouflée. Le cabinet était presque à terre. Pierrot a cravaché dur et l'a complètement remonté, à tel point que, un an plus tard, il était devenu le plus gros cabinet dentaire de Nantes. Deux infirmières, Georgette et Marie, y travaillaient. Un opérateur aidait Pierrot, chacun dans son propre cabinet. Au deuxième étage se trouvait un laboratoire occupant cinq prothésistes. Cela peut paraître beaucoup, mais le renom d'un chirurgien-dentiste exigeait qu'il ait ses prothésistes sur place. Ces derniers étaient dirigés par Henri Lecomte, un excellent professionnel qui avait, comme on dirait aujourd'hui, une « sensibilité de gauche ». Celle-ci n'allait pas faciliter sa réinsertion professionnelle après la guerre.

Évidemment, cette notoriété ne faisait pas l'affaire de la plupart des autres dentistes nantais qui ne voyaient pas d'un bon œil cette remontée du cabinet de la rue Boileau. Il est vrai que, avec son collaborateur, c'étaient deux dentistes qui opéraient à plein temps, ce qui permettait par ailleurs aux patients de ne pas avoir à attendre. Mais le point le plus litigieux, c'est que Pierrot était le seul à assurer des consultations gratuites tous les jours, ce qui offrait aux clients l'avantage d'être informés précisément de leur état et de pouvoir décider en connaissance de cause de se faire soigner tout de suite ou de reporter les soins à une période plus faste. Les tarifs avaient également été étudiés dans une optique très « sociale » – je me rappelle qu'une extraction coûtait 10 francs de l'époque, ce qui n'était pas énorme. C'est, en tout cas, ce que semblaient considérer ses confrères !...

Ainsi se pressait au cabinet une clientèle nombreuse et très mélangée. Venaient notamment beaucoup d'ouvriers des usines nantaises et de la périphérie, Savenay, Château-Bougon, la sucrerie Say, des petits commerçants... dans l'ensemble une clientèle plutôt modeste. Il ne faut pas oublier que la Sécurité sociale n'a été créée qu'après la guerre et qu'à ce moment-là les patients devaient tout payer de leur poche. Quelques confrères venaient aussi, Téret, Paul Bodet, car Pierrot et son opérateur étaient de très bons dentistes. Ils avaient les « vrais » diplômes – à cette époque, on pouvait accéder à l'exercice de la profession sans être bachelier, à partir du brevet agricole suivi d'une formation adaptée. Naturellement, les « vrais » diplômés n'étaient pas toujours supérieurs aux « brevetés agricoles » sur le plan professionnel, mais ils avaient obligatoirement une autre culture, sans jeu de mots.

Si je prétends que la clientèle était très mélangée, c'est que le cabinet recevait également des pensionnaires de deux sortes de communautés bien différentes. Les premières étaient internes dans des établissements relevant des congrégations et étaient toujours accompagnées d'une religieuse. Les secondes arrivaient du quai de la Fosse où, selon l'expression consacrée, elles vivaient de leurs charmes. Elles exploitaient leur fonds de commerce dans ces maisons ultérieurement condamnées par Marthe Richard, mais alors florissantes, et ne se déplaçaient jamais sans leur « patronne ». A leur première visite, branle-bas de combat dans la maison ! L'infirmière les avait cataloguées d'un seul coup d'œil. Pour sortir avec élégance de cette délicate situation – les filles avaient autant droit aux soins que les collégiennes –, Pierrot a mis une salle d'attente particulière à leur disposition. En prenant ensuite des rendez-vous à jours fixes, il a réussi à éviter la regrettable rencontre de la vertu et du vice. Lorsque les représentantes de ce dernier se présentaient, nous étions évidemment interdites de séjour au cabinet, Claudine et moi. Ainsi, grâce à des mesures finalement simples, ces institutions si étrangères l'une à l'autre ont pu le demeurer.

La diversité de sa clientèle a favorisé par la suite les activités de Pierrot pour la Résistance. Les pensionnaires des communautés religieuses lui ont fourni le prétexte d'interventions « d'urgence » hors du cabinet ; les salariés des alentours ont fortement contribué au renforcement des effectifs de son réseau et lui ont procuré de nombreuses informations ; quant à ces dames du quai de la Fosse, elles constituaient une mine de renseignements : la Kriegsmarine constituait l'essentiel de leur clientèle, et, par elles, Pierrot arrivait à repérer le passage des unités allemandes, à connaître le nombre et la nature des bâtiments, leur mouillage, la durée de leur séjour, etc. Des soldats allemands venaient aussi se faire soigner, toujours après 18 heures. C'est Pierrot qui s'en occupait, mais, inutile de le préciser, la collecte des renseignements était avec eux particulièrement délicate.

Pierrot travaillait d'arrache-pied. Cela ne l'empêchait pas d'être un bon patron. Tout le personnel bénéficiait des mêmes congés que lui : trois semaines de vacances au mois d'août, alors que les congés payés obtenus un an plut tôt n'en prévoyaient que deux.

Le réveillon de Noël avait lieu à la maison avec tous les employés et leurs familles.

Nous sortions beaucoup, le théâtre Graslin nous voyait en bande d'amis chaque samedi. Le spectacle était suivi de l'immuable « choucroute amicale » à la brasserie sur la place qui avait donné son nom au théâtre.

Pierrot avait vendu notre vieille voiture et avait pu s'offrir une très belle Salmson aubergine. Il n'en était pas peu fier, car elle avait remporté le premier prix lors d'un concours d'élégance à La Baule. Il avait enfin un vrai bateau, le *Star*. La chasse, la pêche, la photo, il pouvait enfin profiter de la vie dont il rêvait. Nous étions heureux, il aurait d'ailleurs fallu être bien difficile pour ne pas l'être.

Nous avions pu acheter un terrain près de notre pavillon, et Pierrot avait déjà fait les plans de notre future maison. C'était trop beau !...

La mobilisation n'est pas la guerre...

La guerre a éclaté en septembre 1939 alors que nous venions juste de payer la dernière traite du cabinet. Pierrot est parti, il a rejoint Châteauroux dès le premier jour. Il avait, par précaution, emporté des lainages, car il pensait être envoyé dans l'Est, comme son père. Mais il ne se passait rien.

Au bout de quelque temps, l'autorité militaire a demandé des volontaires pour le service d'ambulance qui partait au secours de la Pologne. Pierrot s'est proposé. Il pensait d'ailleurs que la guerre ne durerait pas.

La Pologne n'a pas pu tenir, et son ambulance a été envoyée à Beyrouth rejoindre l'armée d'Orient, les Lions de Weygand. Pour arriver au Liban, ils ont dû passer onze jours en mer, sur le *Sphinx*, en faisant des détours pour éviter les mines. Nous sommes restés longtemps sans nouvelles.

Je tenais le cabinet avec un opérateur « réformé ». Du fait de la mobilisation, le personnel était réduit. Les affaires étaient difficiles, mais il fallait que le cabinet tourne, pour nous tous.

Ci-contre : Pierre Audigé au Liban.

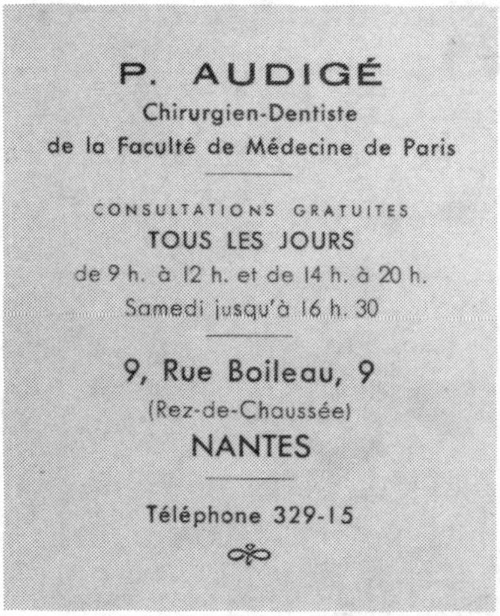

P. AUDIGÉ
Chirurgien-Dentiste
de la Faculté de Médecine de Paris

CONSULTATIONS GRATUITES
TOUS LES JOURS
de 9 h. à 12 h. et de 14 h. à 20 h.
Samedi jusqu'à 16 h. 30

9, Rue Boileau, 9
(Rez-de-Chaussée)
NANTES

Téléphone 329-15

Ci-contre : en tête d'ordonnance.
Les consultations gratuites
n'étaient pas du goût de tout
le monde...

Ci-dessous : l'auteur et ses enfants en compagnie de M. Nouël.

Ci-contre : l'équipe
du cabinet au grand complet
autour de Pierre Audigé.

Ci-dessous : Claudine et Papou.

Résistance passive

Puis ce fut l'invasion de la France. Je n'avais plus de nouvelles de Pierrot. Avec l'occupation par les troupes allemandes nous avons commencé à connaître les restrictions et surtout les obligations, notamment les ordres de remettre les armes en mairie et de déclarer les automobiles. Bien entendu, ces mises en demeure étaient assorties de l'énoncé des poursuites encourues si les ordres du Grand Reich n'étaient pas appliqués. Il convenait même d'avertir les autorités d'occupation si « à notre connaissance » certains Français dissimulaient les unes ou les autres.

Est-ce mon tempérament ardéchois et le sang de mes aïeux ? Toujours est-il que je n'ai pas plié aux injonctions de l'occupant. Le fusil de Pierrot, je l'ai d'abord caché en entier sous le toit. Puis, quand j'ai compris que l'occupation allait durer, je l'ai scié à grand mal avec l'aide de notre propriétaire et j'en ai camouflé les morceaux à la cave. Perdu pour perdu, je mettais en pratique la vieille devise transmise par maman : « C'est toujours ça que les Boches n'auront pas. » Ce n'est que lorsque Pierrot est entré dans la Résistance que nous avons pensé qu'il était préférable de nous débarrasser de ces morceaux inutilement compromettants. D'autant plus que le fusil avait appartenu au professeur Audigé et datait de la guerre de 14 !... Quant à la Salmson, je ne l'aurais déclarée pour rien au monde. Je savais qu'ils réquisitionnaient les belles voitures pour leur propre usage, et je ne tenais pas à voir des Allemands se pavaner dans ce bijou auquel mon mari tenait tant. Elle est restée camouflée dans le garage que nous louions un peu plus loin, et dont les propriétaires, de pauvres juifs, s'étaient réfugiés dès 1939 dans le Midi.

A son retour de Syrie, Pierrot était bien aise de retrouver son auto.

Occupation

Nous étions restés des mois sans aucune nouvelle de lui, sinon une lettre censurée. Puis, une nuit de janvier 1941, il est arrivé complètement à l'improviste.

Dès le lendemain, il reprenait son cabinet et engageait un nouvel opérateur. Celui-ci, nous devions nous en apercevoir par la suite, avait de nombreuses relations parmi les officiers de la Wehrmacht. Ce fut pour Pierrot une bonne couverture.

Pierrot était heureux d'être revenu de la guerre. Il me disait « Mais si ! On peut travailler avec les Allemands, il n'y a qu'à attendre et voir venir. » Il ajoutait : « Après tout, ils ont été assez chics, ils nous ont permis de rentrer chez nous. » Moi, je n'étais pas d'accord. J'avais assisté à la déroute de nos soldats, découragés, dépenaillés, poussés par cette armée qui arrivait en conquérante, arrogante.

C'était atroce de contempler notre débâcle, le contraste avec ces soldats allemands pleins de vigueur, de hargne, casqués, bottés, ruisselants de fierté. On n'aurait jamais dit qu'ils avaient combattu, tant ils étaient intacts, impeccables, et ça, je ne pouvais le supporter.

Ils nous faisaient descendre des trottoirs pour leur laisser la place. Dans les magasins qu'ils pillaient et où ils avaient priorité – car ils ne faisaient pas la queue, eux –, ils nous claquaient les portes en pleine figure. Ce n'étaient que des vexations, bien sûr... mais notre drapeau remplacé par le leur, celui des nazis !...

Oui, je bouillais, mais Pierrot ne me suivait pas. De son point de vue, on ne pouvait évidemment pas sortir bien loin, nous n'étions pas libres, mais le cabinet était remonté et, vaille que vaille, nous arrivions à nous en sortir. Comme on dit : nous n'étions pas les plus malheureux.

Les fusillés de Nantes et de Châteaubriant

C'est à ce moment, en octobre 1941, qu'eut lieu toute une série d'exécutions. Celles qui furent perpétrées le 21 de ce mois nous concernaient tout particulièrement, puisque leurs victimes étaient 27 prisonniers du camp de Choisel à Châteaubriant et 21 détenus de la prison de Nantes. Il s'agissait pour les Allemands, en attendant de découvrir les coupables, de venger l'assassinat d'un officier supérieur, le lieutenant-colonel Hotz, Feldkommandant de Nantes.

Du camp de Choisel nous ne savions pas grand-chose sinon que, d'après les autorités, des communistes dangereux y étaient internés, arrêtés par la police française. Des 21 Nantais on savait beaucoup plus, car parmi eux se trouvaient des gens très connus et respectés des habitants de la ville : M. Jost, par exemple, grand invalide de la guerre de 14, président des anciens combattants, ou « l'avocat des pauvres », Me Fourny, adjoint au maire. Beaucoup de jeunes aussi, 19, 20, 21 ans... Il y en avait de tous âges et de toutes conditions. On les disait arrêtés pour activités en faveur de l'ennemi, c'est-à-dire qu'ils avaient aidé des Français à échapper à la police allemande. En réalité, ils n'étaient pas pris au hasard, mais choisis pour impressionner la population, catégorie sociale par catégorie sociale. Ainsi des 27 de Châteaubriant, tous militants syndicaux et politiques respectés de la classe ouvrière ; ainsi des notables nantais pour inciter la bourgeoisie locale et, plus largement, la population à une stricte neutralité, voire à la collaboration ; ainsi des jeunes pour refréner les ardeurs patriotiques d'une jeunesse sourdement révoltée.

Non contents d'en avoir fusillé 48 – 50 d'après leurs affiches –, les Allemands prétendaient passer 50 autres otages par les armes si les « coupables n'étaient pas découverts avant le 23 octobre à minuit, soit deux jours après leurs premières salves. C'est ainsi que Pierrot figura sur une liste de 200 notables nantais parmi lesquels devaient être choisies les prochaines victimes. Les avertissements nazis étaient évidemment assortis d'appels à la délation, avec à la clef une récompense de 15 millions de francs pour les dénonciateurs éventuels, qui pourraient voir leurs «...informations (...) traitées confidentiellement ». Dans une très jolie lettre de la mairie de Nantes, Pierrot se vit donc remercier d'avoir « accepté » d'être otage. Le porteur de la missive lui notifia par la même occasion l'interdiction de quitter la ville pendant 48 heures.

Au plan national, les exécutions de Nantes, et surtout celles de Châteaubriant, secouèrent brutalement la population de sa torpeur. Il devenait de plus en plus difficile de pactiser avec l'ennemi, et même de l'ignorer. Les illusions qui pouvaient, avec plus ou moins de bonne foi, être nourries ici ou là ne pouvaient plus tenir devant la brutalité des faits : la violence de la réalité mettait en pleine lumière la barbarie allemande. C'est à ce moment que Pierrot se prit à douter des possibilités de coexister avec l'occupant. Il commença même à souffrir de l'occupation, d'autant plus qu'il soignait des aviateurs allemands qui clamaient leur joie d'aller jeter des bombes sur la population anglaise. Mais il attendait comme nous tous, cherchant quoi faire.

Pierrot avait pu ressortir la Salmson. Comme dentiste il avait droit à quelques tickets d'essence – bien peu cependant, puisqu'il avait dû acheter un vélo pour faire les aller et retour de la maison à son cabinet. Son bateau était planqué. L'atmosphère devenait lourde à Nantes depuis les exécutions. Pierrot rentrait découragé. Au café où il retrouvait ses copains, des bruits circulaient. Ses clients aussi rapportaient de mauvaises nouvelles : des amis juifs étaient incarcérés puis disparaissaient. Déjà on parlait d'arrestations, de tortures de Français qui n'acceptaient pas l'occupation allemande. La position de Vichy révoltait. N'avions-nous pas entendu Pétain faire une déclaration à la radio après Châteaubriant ? Des Français avaient tué un officier allemand, et l'armée d'occupation avait dû fusiller des otages français. Pour que pareille chose ne se reproduise pas, il convenait de collaborer et de dénoncer l'auteur de cet assassinat, afin que les Allemands ne soient pas obligés de fusiller 50 autres otages. Ce ne sont pas les termes exacts, mais le fond est le même.

Le sursaut

Un souffle de réprobation, de colère s'amplifiait dans notre ville. Pierrot réalisait ce que serait l'avenir si rien n'était fait. Déjà la Résistance s'organisait sur place, et de Londres venaient les voix de l'espoir. Il fallait un sursaut, ce n'était pas possible de laisser les choses aller ainsi.

Un soir, Arlette, la sœur de notre beau-frère François (dit Jean Effel), a débarqué à la maison. Elle était alors secrétaire de Jean Cavaillès et venait faire du recrutement pour le réseau Libération. Nous l'avions juste rencontrée deux fois auparavant. Elle n'a pas du tout convaincu Pierrot. Il lui a dit qu'il réfléchirait, car cela ne lui semblait pas assez sérieux, et à moi encore moins, je l'avoue. Mais quelque temps après, Jean Cavaillès est venu lui-même chez nous. C'était quelqu'un ! Ses arguments, son comportement, sa personnalité ont emporté l'adhésion de Pierrot. Ils ont très vite sympathisé et se sont parfaitement compris. La situation de Pierrot, les allées et venues des clients faisaient de lui un auxiliaire précieux. Je lui ai dit alors ce que je pensais. Jean Cavaillès n'était pas marié, n'avait pas d'enfant. Notre fille avait 10 ans et notre petit garçon quelques mois. De plus, Pierrot devait exercer son métier, il travaillait beaucoup, cela ne semblait pas raisonnable. Voilà que c'était moi qui le freinais après avoir contribué à lui rendre l'occupation allemande insupportable ! Mais Pierrot était très sûr de lui, il me garantissait qu'il prendrait toutes les précautions utiles et imaginables, qu'il se contenterait d'organiser, de superviser...

Résistance

Et le travail clandestin a commencé. C'était en avril ou mai 1942. Pierrot devint l'adjoint du chef de la Région de Basse-Loire du réseau, Doutreligne. Celui-ci était un ex-militaire de carrière reconverti dans les assurances. Bien joué pour le réseau, car un métier pareil permettait tous les déplacements, même en temps d'occupation ennemie.

Doutreligne était de Cholet, mais notre pavillon est très vite devenu son quartier général à Nantes. Il arrivait dans la matinée. Les agents de liaison arrivant de Paris descendaient également chez nous, surtout des femmes : Anne-Marie, Claire, Laure, Simone Cavaillès...

Pierrot était déjà parti au cabinet quand Doutreligne arrivait, le jeudi matin. Il s'installait dans la salle de séjour, mais comme il aimait bien se mettre en valeur, il venait me parler. Il m'avait ainsi confié qu'il était en réalité un agent du Deuxième Bureau. A cette époque, on ne connaissait pas encore les films d'espionnage, cependant je le croyais. Il en avait tout ce que je supposais être le comportement : dur, cassant, ombrageux. Il m'avait dit être très croyant, il était pourtant sans pitié. Je ne sympathisais pas beaucoup avec lui, et je plaignais sa femme et leurs six enfants qu'il faisait, m'avait-il dit, « marcher à la baguette ».

Bien entendu, Doutreligne et l'agent de liaison – qui arrivait toujours à temps –, partageaient notre déjeuner. C'est alors que je devais fournir de sacrés efforts pour ne pas faire la tête : ils nous mangeaient tout ! Pierrot s'arrangeait autant que possible pour avoir un peu plus de ravitaillement le mercredi auprès de ses clients de la campagne. Mais les restrictions étaient quand même là, et mes réserves fichaient le camp.

C'est au cours d'un de ces déjeuners du jeudi que j'ai fait la connaissance d'Yves Kerbrat. Pierrot me parlait souvent du « petit Yves », un élément remarquable. J'ai donc été très surprise lorsque j'ai vu arriver ce grand gaillard d'un mètre soixante-quinze : c'est par l'âge qu'il était « petit », il avait à peine 20 ans. Il venait cette fois partager notre repas, car ils avaient apporté des morceaux de chevreuil. La malheureuse bête s'était jetée sous la voiture de Pierrot alors qu'ils revenaient tous les deux du Pont-de-Cens, à la sortie de Nantes, où ils venaient de planquer deux paras anglais dans une ferme amie. Le partage du chevreuil avait eu lieu sur place entre les agents présents, et Kerbrat avait donné sa part à Pierrot. Il était marin, élève du professeur Crosnier, et ses parents ignoraient tout de ses activités. Il ne pouvait absolument pas rapporter cette bonne prise chez lui : on tue rarement un chevreuil pendant les cours, surtout dans la marine.

Je crois que c'est au cours de ce repas que j'ai entendu Pierrot révéler que c'est le « petit Yves » en question qui rapportait des photos de sous-marins allemands camouflés dans le port de Saint-Nazaire, dont la base sous-marine n'avait plus de secrets pour lui. A ce moment-là, le réseau faisait essentiellement du « renseignement ».

Je les entends encore tous pendant ces déjeuners, entre autres celui où Pierrot est arrivé avec Henri Guennec – Kerbrat était là également. Henri était le neveu de Georgette, une infirmière du cabinet. Je le connaissais bien, mais j'ignorais jusque-là qu'il était, lui aussi, embarqué dans cette aventure. C'est à peine croyable, mais ils plaisantaient ! Ils s'amusaient de l'humour, parfois noir, de Pierrot. On aurait dit des copains préparant un canular. Seul Doutreligne restait de marbre.

Ce dernier était, j'en suis certaine, un agent de valeur, très discipliné. De tous ceux que je côtoyais, il était le seul à connaître les ficelles de ce métier qu'ils venaient tous d'entreprendre : faire de la résistance. Il tranchait, donnait ses ordres. Il le fallait bien, mais il me faisait peur, particulièrement quand il les chapitrait pour les aguerrir afin qu'ils sachent quoi faire ou éviter en cas d'arrestation et d'interrogatoire, comment résister à certains sévices. C'était sans doute nécessaire, mais, tout de même, il aurait pu attendre de les avoir en petit comité pour ses cours « particuliers ». Car j'étais bien obligée d'entendre tout ce qu'ils disaient : les repas avaient lieu dans la cuisine – ce qui ne facilitait pas la tâche de la cuisinière. La salle à manger donnait sur la rue et servait aux petits conciliabules. La cuisine, assez vaste, donnait sur un jardin sans vis-à-vis et convenait mieux à ces réunions plus larges d'où les éclats de voix n'étaient pas exclus.

Le jeudi après-midi, Doutreligne s'enfermait dans la salle avec l'agent de liaison. Je sortais avec les enfants, laissant au réseau la libre disposition de la maison. D'autres agents devaient les rejoindre par la suite, puisque, en rentrant, j'entendais plusieurs voix. Je ne voulais pas écouter, mais avec les jours, les mois, j'ai compris que le réseau ne faisait pas que du renseignement, mais aussi du sabotage, et qu'il recevait des parachutages de Londres. Je n'aimais pas cela. A mes questions inquiètes Pierrot répondait en m'expliquant que lui ne risquait rien. C'était évidemment faux, je n'étais pas gourde au point de ne pas le comprendre.

Menace sur le réseau

Cette vie de clandestinité était pénible, mais je n'en réalisais pas vraiment le danger. Et j'avais peine à croire que Pierrot et ces garçons si jeunes, si gentils, puissent entreprendre des actions tellement dangereuses et, parfois, impitoyables. *Gérard* (Jean Gosset) était plus nerveux, mais quel homme charmant, prévenant, s'excusant toujours de déranger… Le dernier matin que je l'ai vu à la maison, il était très préoccupé, triste même. C'était un garçon très intelligent, intuitif. Il m'a dit avant de partir qu'il sentait une menace sur le réseau. Comme je m'inquiétais, il m'a gentiment rassurée : « Pas sur Nantes, plus haut. » Il ne s'était pas trompé, puisque, quelques jours seulement après son passage, la Gestapo envahissait le secrétariat de Jean Cavaillès. Pour Nantes, la menace n'a cependant été que différée.

Jusqu'à ce moment, Pierrot a poursuivi son activité comme si de rien n'était. Vu de l'extérieur, c'était toujours le même homme, gros travailleur, aimant la vie, cultivant l'amitié, bon époux et bon père. Il continuait à exercer son métier, mais parfois il s'en allait pour soi-disant, « arrêter une hémorragie ». En fait, il allait à ses rendez-vous dans une communauté religieuse à Monnières, près de Nantes, où il retrouvait Jean Cavaillès, Le Gouvello et Palluel. Ce dernier, mécanicien-dentiste, faisait lui aussi partie du réseau. C'est grâce à sa femme Marie, ancienne pensionnaire de l'établissement, que la mère supérieure, bien qu'elle connût les risques courus, accueillait ceux de notre réseau. Il fallait qu'elles soient restées très proches pour que la religieuse se prête à ces rencontres si dangereuses. Pierrot, quant à lui, paraissait tellement inoffensif que personne n'a jamais conçu le moindre doute au sujet de ses absences.

Au début, Pierrot me parlait peu de ses activités, mais, petit à petit, recevant ces garçons, baignant de plus en plus dans l'ambiance de la clandestinité, j'ai reçu davantage de confidences et j'ai été chargée de tâches plus précises. Par exemple, comme Pierrot dormait très bien et qu'au contraire j'avais le sommeil léger, j'étais chargée d'écouter si des voitures s'arrêtaient. Il en passait peu, c'était une avenue privée. En cas d'urgence, les vêtements de Pierrot étaient tout prêts sur une chaise. Je devais aussi guetter le bruit des pas de visiteurs éventuels avant qu'ils ne grimpent les marches du perron et, à travers les volets, regarder qui c'était. Il est souvent venu des paras, des gars à lui. Ils frottaient d'une certaine façon, et je devais attendre le mot de passe. C'était « Papou », le surnom que Pierrot avait donné à son fils – il le porte toujours. Alors j'attendais le deuxième mot de passe, celui du jour, et j'ouvrais. Pierrot, réveillé par mes soins, avait eu le temps de se lever, et ils s'enfermaient dans la salle. Le matin, les visiteurs nocturnes étaient repartis. Bien sûr, si le mot de passe n'avait pas été donné ou si j'avais reçu l'ordre d'ouvrir, je devais prévenir Pierrot, prétextant qu'il me fallait enfermer les chiens. Il aurait eu ainsi le temps de s'échapper par les jardins.

Descente rue Chardon-Lagache

La vie devenait quand même pénible, mais Pierrot était tellement calme, sûr de lui et des siens. Hélas, fin mai-début juin 1943, le bureau de Paris du réseau, 36, rue Chardon-

Lagache, a été investi par la Gestapo à la suite de dénonciations. Arlette Lejeune, dite *Claire*, qui en assurait le secrétariat venait juste de quitter l'appartement pour aller dîner comme chaque soir près de l'église d'Auteuil. Pensant certainement ne pas s'attarder, elle avait laissé sur son bureau les documents concernant le réseau, sans doute pour se remettre au travail sans perdre de temps à son retour.

Malheureusement, les choses ne se sont pas passées ainsi, car, en revenant du restaurant, elle s'est heurtée à un cordon de police bouclant la rue. Renseignements pris, il s'avérait que la Gestapo venait de faire une descente avec perquisition au siège d'un groupe de « terroristes ». Le nid d'insurgés se trouvait au 36 de la rue. *Claire* s'est enfuie et a pu en catastrophe quitter la France pour Londres, d'où elle n'est revenue qu'après le débarquement.

Les documents tombés aux mains de la Gestapo lui ont permis de mener des recherches qui, associées aux dénonciations, ont été, hélas ! payantes pour l'ennemi.

Voilà comment les événements se sont déroulés, qui devaient nous précipiter dans une fuite échevelée de neuf mois à travers la France et aboutir à l'arrestation de mon mari, le 17 avril 1944. Je restais désemparée avec mes deux enfants de 12 et 2 ans, ne pouvant guère compter que sur ma propre énergie pour survivre et tenter de sortir Pierrot de prison.

III

Un homme disparaît

Un faisceau de présomptions

Avant de poursuivre mon récit, je voudrais entretenir le lecteur d'une énigme que je n'ai jamais réussi à résoudre. Les derniers mots que j'ai entendus de la bouche de mon mari sont ceux qu'il m'a adressés avant de partir à son funeste rendez-vous. Je ne devais plus jamais le revoir, pas plus mort que vivant.

Pierre Audigé a disparu, probablement massacré quelque part entre Caen et Fresnes, ou à Alençon. Malgré mes recherches tenaces, je n'ai jamais pu retrouver sa trace après son départ de la prison de Caen, sans doute le 2 juin.

Pierrot a subi plusieurs interrogatoires, il a beaucoup souffert. Mais surtout il était très malheureux. L'abbé Lemoine[1] qui partageait sa cellule nous l'a dit, il redoutait un débarquement sur nos côtes, car, cela ne faisait pas de doute pour lui, les Allemands se vengeraient – ce qu'ils ont fait. Il craignait aussi beaucoup la confrontation à Fresnes dont ils lui parlaient toujours.

---

1. Dans son ouvrage *Au bagne, le curé !*, l'abbé Lemoine relate avec beaucoup d'humour – et sans ménager personne – les séjours dans divers bagnes supportés par un prêtre résistant pendant l'Occupation. Il a enfin reçu la Légion d'honneur à 92 ans.

Je sais que, lors de ses interrogatoires, Pierrot ne parlait pas. Il ne les narguait pas, mais il avait ce petit sourire qui signifiait : « Vous pouvez toujours courir... » C'est du moins ce qu'ils m'ont dit au cours de mes interrogatoires : « Il se fout de nous, il ne veut rien dire, mais on a les moyens de le faire avouer !... » A moi aussi ils ont parlé de Fresnes.

Pierrot n'a pas été fusillé à Caen le 6 juin[2], ils l'ont massacré ailleurs sur la route de Fresnes. Je puis affirmer cela, car j'en ai, si j'ose dire, plusieurs preuves, ou, du moins, un faisceau de très fortes présomptions basées sur des témoignages irréfutables.

La plus probante est celle-ci. A la prison de Caen venait un médecin, un jeune interne, le fils Roger, dont la mère, médecin des prisons elle-même, était une ancienne élève de mon beau-père à la faculté de médecine. Celui-ci a écrit à cette Mme Roger pour qu'elle essaie de savoir, par son fils, ce qu'ils avaient fait de Pierrot. C'était fin mai 1944. Le fils Roger s'est rendu à la prison le vendredi 2 juin et a demandé la cellule de Pierre Audigé qui avait besoin de soins. Les gardiens français ont regardé sur le tableau et lui ont fait constater qu'Audigé était parti le matin même à l'aube, avec deux autres « chefs terroristes ». La Gestapo les emmenait à Fresnes pour des confrontations.

D'autre part, le jeudi 1er juin, comme tous les jeudis, les femmes ou mères d'internés montaient à la prison, apportant du linge propre et remportant le sale. C'est Mme Lelièvre qui assumait cette tâche pour Alexis et Pierrot. Dès le 18 avril, lors de son entrevue avec la Gestapo chez elle, on l'avait

2. Sur les événements à la prison de Caen le 6 juin 1944, voir l'annexe 1.

informée de cette possibilité pour son mari. Comme elle avait dû leur avouer que Pierrot avait bien séjourné quelques jours chez eux, ils lui avaient dit en ricanant : « Vous pourrez vous occuper aussi du linge d'Audigé, puisque sa femme est dans la nature !... » On le verra plus loin, arrêtée moi-même le 19 avril, je n'avais évidemment pas pu m'occuper du linge de Pierrot jusqu'à ma libération. C'est donc Yveline qui s'en était chargée, fournie en sous-vêtements par le docteur Audigé qu'elle avait mis au courant lors d'un bref séjour à Douvres, le soir du 18. Elle avait continué par la suite, car j'avais peur de retourner à cette prison qui me rappelait de trop pénibles souvenirs. Elle transportait le linge, mais, bien entendu, c'est moi qui le lavais. Ce jeudi, on leur a remis à presque toutes les pardessus des prisonniers, dont ceux d'Alexis et de Pierrot. Les gardiens ont bien voulu leur dire que c'était signe de départ pour l'Allemagne et qu'elles avaient un droit de visite avant, mais qu'il fallait le demander au siège de la Gestapo. Yveline me l'a dit, et elle y est allée dès le lendemain matin, vendredi 2 juin, donc. Je l'ai vue après : elle avait pu embrasser son mari et échanger quelques mots avec lui, mais elle ne savait rien de Pierrot.

Alors j'ai pris mon courage à deux mains, je crois que c'est la fois où je me suis fait le plus violence : j'avais peur de retourner à la Gestapo, j'y avais goûté. J'ai laissé les enfants à Clinchamps chez des amis, le prêtre de notre paroisse et sa gouvernante, et je me suis présentée à la Gestapo. Le planton a écouté ma requête, m'a demandé le nom de mon mari et est monté au premier où avaient lieu les interrogatoires. C'est alors que j'ai entendu des vociférations : « Audigé terroriste parti !... » Le planton est redescendu me faire part de la réponse, mais je ne l'entendais pas, j'étais paralysée par une peur atroce : quelqu'un descendait l'escalier d'un pas lourd en hurlant. Je me suis enfuie. Je suis restée plus de trois heures dans la petite chapelle d'une communauté à deux pas de la Gestapo. Je suis ensuite partie retrouver les enfants. Quelques jours plus tard avait lieu le débarquement.

Par ailleurs, le docteur Roger était présent, le 6 juin, au moment du massacre d'au moins 80 internés à la prison. Il a écouté l'appel des malheureux et n'a pas entendu le nom de Pierrot. J'ai pu retrouver ce garçon à Fresnes, où il s'était rendu après l'évacuation de la prison de Caen. Il m'a donné ces détails et a ajouté qu'il n'était pas arrivé d'Audigé à Fresnes. Donc rien. On a trouvé des charniers aux environs de Caen, j'y suis allée. C'était effrayant, mais rien, aucune trace de mon mari.

Autre indice, qui concerne le départ de Pierrot et des deux autres chefs résistants de la prison le vendredi 2 juin. Après la Libération, j'ai fait la connaissance par Yveline Lelièvre du directeur d'une entreprise spécialisée dans la restauration des monuments historiques, M. Roger Martin. Ses bureaux étaient situés avenue Albert-Sorel à Caen. C'est lui qui m'a conduite en auto au charnier de Saint-Pierre-du-Jonquet. Pendant le trajet, il m'a certifié avoir vu passer à pied, le 2 juin à 7 heures du matin, trois détenus encadrés par des soldats allemands. Il avait pu savoir qu'il s'agissait de trois chefs de la Résistance emmenés de la prison de Caen à Paris. Ils se dirigeaient effectivement vers la gare.

Je suis donc absolument convaincue que Pierre Audigé a bien quitté la prison de Caen le 2 juin 1944, sans doute pour prendre le train à destination de Paris, probablement en vue d'une confrontation à Fresnes.

Inquiétudes et espoirs

Avant de tomber aux mains des Allemands, Pierrot m'avait confié deux missions. La première : mettre les enfants à l'abri avant d'être arrêtée moi-même. Je l'ai fait. La seconde : dès son arrestation, prévenir un prêtre, l'abbé Lenormand, à l'église Saint-Étienne à Caen afin qu'il alerte les gars de Saint-Joseph. J'y suis allée, au confessionnal, il a pu prévenir et il n'y a eu aucune arrestation.

Dans la cellule qu'il partageait à Caen avec l'abbé Lemoine et le maire de Mutrécy, Pierrot leur avait confié combien il était inquiet pour ses enfants après mon arrestation. Il savait bien, pauvre Pierrot, que personne ne les ramasserait. Nous avions demandé autour de nous auparavant, car il sentait qu'il ne passerait pas au travers. Nous n'avions reçu que des refus, gênés bien sûr, mais des refus tout de même, et Pierrot s'était sans doute un peu rassuré en sachant pouvoir faire confiance à sa fille qui, bien que très jeune encore, saurait s'occuper de son petit frère.

C'est à ses deux compagnons de cellule que Pierrot avait demandé de me rechercher s'ils en réchappaient et moi aussi, et de me charger de le venger. « C'est *Corbeau* qui nous a vendus, Alexis et moi », leur avait-il déclaré. Ils sont d'ailleurs venus tous les deux rapporter ces paroles lors du procès de *Corbeau* à la Libération. J'ai fait condamner ce dernier aux travaux forcés à perpétuité. Il avait déjà à purger vingt ans de travaux forcés pour un délit de droit commun, l'attaque à main armée d'une ferme en Bretagne. Mais, avec la confusion des peines, la loi d'amnistie de De Gaulle l'a remis en liberté. Grâce à Georges Bidault, j'ai tout de même pu obtenir que le département du Calvados lui soit interdit. Je n'avais pas oublié ses menaces contre les enfants et moi après le verdict. Bien que ce sentiment soit fort peu chrétien, je regrette encore aujourd'hui que son avocat, alors presque inconnu, ait réussi à sauver sa tête.

Pendant deux ans après 1944, j'ai espéré. Je savais Pierrot débrouillard et, surtout, je refusais de croire qu'il ne s'en soit pas tiré. J'ai donc poursuivi mes recherches vaille que vaille, mais ce n'était pas facile.

Depuis, je me suis heurtée à tant de lâcheté que j'en ai éprouvé un véritable dégoût. Trop se sont servis de leur courage, du travail qu'ils avaient fait, des risques courus, de leurs souffrances physiques et morales, pour briguer des situations souvent peu en rapport avec celles qu'ils occupaient avant la guerre. Ceux-là ne tiennent pas à remuer le passé et n'ont rien fait pour m'aider dans mes recherches. Ne parlons même pas des résistants de la 25e heure ! Le travail effectué à Caen et en Loire-Atlantique par Pierrot est connu, mais même ceux qui travaillaient avec lui ignorent, comme moi, l'ampleur de son réseau en basse Loire, en Anjou, en Vendée. C'était très cloisonné. Il faut bien se rendre compte que Pierrot, en chef conscient et organisé, cherchait à limiter les risques de fuites, voire de trahison. « Ils s'ignorent entre eux autant que je le peux », me confiait-il. Cela ne facilitait pas mes recherches.

Pierrot

Sur un plan personnel, je peux dire avec le recul que j'ai connu et aimé trois hommes en Pierrot.

Avant la guerre, il était accrocheur, il voulait réussir, gagner de l'argent, en profiter. Il aimait la vie, il travaillait beaucoup, il voulait vivre heureux. C'était un sportif pratiquant le tennis, le football, le hockey... Il avait un bateau, une belle voiture, il aimait la pêche, la chasse, il était optimiste et plein d'humour. Il goûtait la compagnie des « copains ». Il avait une passion : la photo. C'était un véritable artiste, ses agrandissements étaient vraiment des réussites. Il avait un Leica, qu'il prêtait à Yves Kerbrat pour prendre des photos périlleuses très petites. Il les agrandissait ensuite dans la chambre. Il avait aussi un très bon coup de crayon, et il avait, entre autres choses, dessiné la robe de mariage de sa fille – elle avait 8 ans à l'époque ! Il était déjà fier à l'idée de la conduire à l'autel dans sa robe de dentelle à volants. Le jour venu, Claudine portait bien une robe de dentelle comme son père l'avait voulu, mais c'est son frère qui l'a conduite.

J'ajouterai que ce n'est pas la passion politique qui a poussé Pierrot dans la Résistance : il était strictement apolitique, ça ne l'intéressait pas. Lui, il aimait prendre la vie du bon côté, et il faisait bon vivre auprès de lui.

Après l'invasion, quand il a décidé d'entrer dans la Résistance en avril 1942, ce fut un autre Pierrot avec lequel je vécus. Malgré ses promesses – « Je superviserai seulement » –, il était devenu comme un chef d'entreprise recrutant ses hommes avec un jugement sûr, sauf une fois, hélas ! Il fallait qu'ils soient intelligents, discrets, efficaces. Il les sondait lui-même, assumant son rôle jusqu'au bout, cherchant des planques, établissant les faux papiers, récoltant les renseignements, se mettant en avant dans les coups à porter aux ennemis. Ce n'était plus le même homme. Toujours très calme, sûr de lui, mais devant ces nouvelles responsabilités, devant ces dangers côtoyés sans cesse, il m'effrayait. Il avait beau mener son affaire avec prudence, précision, discrétion, il jouait avec le feu. Il paraissait invulnérable, il avait pris une voie et il entendait s'y maintenir, avec tous les risques. Se rendait-il bien compte de ce qu'il était et imaginait-il ce qu'il allait devenir ?

Enfin, le troisième personnage que fut Pierrot se révéla à partir du moment où il sut qu'il était recherché par la Gestapo. C'est une image un peu éculée, mais il était véritablement devenu un « soldat de l'ombre ». Il arrivait sans bruit, disparaissait de même. Il avait modifié sa silhouette, s'était laissé pousser la barbe. Il portait des lunettes noires, le chapeau rabattu, le col du pardessus relevé à la manière de Jean Moulin. Il se fondait parmi les autres gens. Il était devenu plus déterminé. Quand il a su que le réseau de Nantes était démantelé, il m'a dit : « Dès qu'ils me prendront, ils me fusilleront. » Alors il luttait avec, je crois, l'énergie du désespoir, mais cela, il ne l'avouait jamais. Il était triste mais s'étourdissait d'action, stimulé par le danger, mettant toute sa force, toute son ardeur à lutter. C'était angoissant, mais, si je pense souvent que nous n'aurions pas dû entraîner nos enfants dans ce tourbillon mortel, je sais que Pierrot avait besoin pour tenir de ne pas se sentir seul. Il avait besoin de moi : c'était un homme qui sauvait la face mais qui n'avait plus beaucoup d'illusions.

IV

Dans la gueule du loup

Mesures d'urgence

Je reprends mon récit au 17 avril 1944, jour de l'arrestation de Pierrot.

Il me faut devenir, à mon corps défendant, un « personnage important » de la tragédie.

Au retour du café où Pierrot était tombé dans le piège de la Gestapo, je suis restée avec Mme Lelièvre et ses enfants à attendre l'arrivée d'Alexis. Il était parti le matin en tournée avec sa voiture, et il ne devait pas rentrer avant 12 h 45. Un moment avant qu'il ne revienne, une assistante sociale, Mlle Serre, est arrivée par le couloir. Elle venait prévenir que la Gestapo s'était présentée à midi pour arrêter Alexis au bureau et qu'ils reviendraient à l'ouverture, à 14 heures. Ils avaient évidemment interdit au personnel de rien lui dire avant. Elle paraissait fort effrayée.

Dès qu'Alexis est arrivé, nous l'avons mis au courant. En l'attendant, nous avions brisé les empreintes en plâtre des cachets et des tampons. Tout était en ordre. Il pouvait donc aller se cacher avec sa voiture, car il connaissait la campagne autour de Caen comme personne. Mais il n'a rien voulu savoir. « Je dois aller au bureau », nous répétait-il. Avait-il des papiers à détruire ? C'est peu probable, puisqu'il savait bien qu'il se ferait « cueillir » dès son arrivée. Il a d'ailleurs juste eu le temps d'entrer dans son bureau : ils étaient là, ont bondi sur lui et l'on emmené immédiatement. Peut-être avait-il quand même des documents dans une cachette inviolable connue de lui seul et pensait-il avoir le temps, avant d'être arrêté, de donner des instructions pour les récupérer ou les détruire. Toujours est-il que les Allemands ont fouillé et n'ont rien trouvé.

Dès qu'Alexis a quitté l'appartement, j'ai couru prévenir l'abbé Lenormand à Saint-Etienne. Comme on l'a vu, pas un des gars de Saint-Joseph n'a été pris. Cela fait, je suis revenue chez les Lelièvre pour préparer nos affaires, aux enfants et à moi. Nous irions nous cacher dans une chambre à Caen, dont les locataires, des juifs, m'avaient remis la clef, pour le cas où... Seuls, ces juifs n'avaient pas eu peur de nous aider. Ils savaient ce que c'est qu'être traqués : le mari était déporté – il est mort à Auschwitz. Ils risquaient gros, mais ils connaissaient le malheur et le comprenaient.

Avant notre départ, Yveline m'a demandé d'aller à l'Assistance publique me renseigner sur le sort de son mari. Elle ne pouvait pas y aller elle-même, étant trop connue là-bas. Je lui devais bien ça. Elle m'a pas mal déguisée – Pierrot avait ma photo sur lui, et peut-être des types de la Gestapo étaient-ils restés sur place pour attendre d'autres résistants. Je dois dire que je suis bien petite, 1 m 45 en trichant un peu, à peine 40 kg. Yveline Lelièvre, au contraire, était très grande et un peu forte. Avec ses vêtements, je devais avoir l'air d'une clocharde. Après m'être renseignée, je suis rentrée rapidement pour lui faire part de l'arrestation d'Alexis.

Je me suis ensuite changée et j'ai tenté une démarche qui, à l'usage, s'est avérée inutile. Nous avions un ex-beau-frère dentiste à Caen et ami de Pierrot. Par une intéressante coïncidence, il soignait – et tout Caen le savait – le sinistre

Brière, une terreur de la Gestapo locale. Je lui ai donc demandé s'il pourrait essayer de savoir ce qui était reproché à Pierrot. Comme on savait en ville que ce dernier avait été arrêté, j'avais espéré que ses questions n'auraient pas éveillé de soupçons et qu'il pourrait m'aider sans risque. J'aurais simplement voulu savoir, au travers des accusations portées contre Pierrot, ce qu'il pouvait leur avoir lâché, savamment dosé, pour pouvoir aligner mon comportement sur le sien. Inutile de nier des éléments secondaires dont ils auraient été informés. Au contraire, en avouant ce qu'ils savaient déjà j'établissais ma bonne foi et pouvais plus facilement prétendre n'être au courant de rien de plus. Mais il a catégoriquement refusé. Je ne lui en ai même pas voulu. J'étais sous l'effet d'un grand choc, alors ça en plus…

Je suis revenue pour chercher les enfants chez les Lelièvre par le fameux couloir. Bien m'en a pris : la Gestapo était dans la maison. Comme à leur habitude, plusieurs types criaient. Papou m'appelait, et j'entendais Claudine parler doucement à son petit frère pour le consoler. Yveline répondait qu'elle ne savait rien. Je tremblais, camouflée derrière la porte, j'avais peur pour les petits.

Enfin j'ai entendu les brutes partir. J'avais les jambes coupées. Il s'en était fallu de rien que je ne rentre par la porte principale, rue Saint-Manvieu. Par quelle grâce de la Providence ai-je contourné le pâté de maisons pour emprunter l'entrée discrète de la rue Saint-Martin ? Je ne le saurai jamais. Toujours est-il que tout aurait pu basculer à ce moment : j'aurais certainement été arrêtée sur-le-champ, de même qu'Yveline qui avait prétendu ignorer complètement où je me trouvais. Arrêtées toutes les deux devant nos enfants, quel désastre ! De plus, les Allemands auraient su que Papou et Claudine étaient les enfants du « terroriste » Audigé, ce qu'Yveline leur avait évidemment caché. Que leur serait-il arrivé ? Et quel terrible moyen de pression sur Pierrot !

Yvelyne a préparé ses bagages en catastrophe et est allée avec ses deux enfants se réfugier chez ses parents, à Douvres. La Gestapo l'avait autorisée à partir mais lui avait aussi enjoint de revenir se mettre à sa disposition : elle aurait des questions à lui poser.

Claudine, Papou et moi avons mis sur nous tous nos vêtements, afin de n'avoir qu'un sac à porter et la petite machine à écrire de Pierrot pour rejoindre la chambre, rue Écuyère : il ne fallait pas avoir l'air de déménager.

Arrivée rue Écuyère, j'ai soudain réalisé que je devais aller chercher le lait et que, de plus, nous n'avions rien à manger. En partant précipitamment de chez Yveline et Alexis, j'avais pensé à emporter de la farine et notre ration de sucre, mais c'était tout. J'étais désemparée, et je me rendais compte à quel point notre séjour chez les Lelièvre m'avait soulagée sur le plan pratique, pour les repas, le ravitaillement. Tout se bousculait dans ma tête : les arrestations, les enfants que j'allais devoir assumer seule, les risques que je courais moi-même, ceux que supportaient les rescapés du réseau, les problèmes matériels, au premier plan desquels se présentait, immédiat, le repas du soir. Je devais absolument reprendre mes esprits et traiter les questions les unes après les autres. D'abord aller à la ferme.

Les enfants auraient voulu venir avec moi, mais c'était trop dangereux : la Gestapo les avait vus l'après-midi, et il suffisait qu'un de leurs sbires rôde en ville pour qu'ils soient reconnus et moi arrêtée.

Je suis donc partie seule, en courant car l'heure s'avançait. J'étais lasse, et la rue Saint-Gabriel prolongée au bout de laquelle se trouvait la ferme des Leseigneur ne m'a jamais parue aussi « prolongée ».

Mme Leseigneur a bien voulu me céder deux litres de lait au lieu d'un. Je l'ai prévenue que je ne reviendrais pas, car nous partions le lendemain. Les amis chez qui nous séjournions regagnaient la côte – je ne lui avais jamais avoué que nous n'étions pas des réfugiés : en fait, nous l'étions ! Je lui ai demandé si elle n'aurait pas des œufs, car nous n'avions rien à dîner, pas même un morceau de pain – j'avais bien des tickets, mais c'était un jour « sans[1] ». Elle a été vraiment très gentille. Elle m'a donné quelques pommes de terre, 6 œufs, un peu de confiture et un petit pot de graisse de bœuf, seule matière grasse libre (on faisait fondre le gras de bœuf, c'était infect ! mais il fallait bien s'accommoder de ce qu'on trouvait). En sortant mes « provisions » rue Écuyère, j'ai eu la surprise de découvrir un petit morceau de beurre (le luxe !), un peu d'ersatz de café et, dans un torchon, un morceau de pain. Brave Mme Leseigneur, la bien nommée !

Sauver l'agent de liaison

Une fois les enfants nourris et couchés, j'ai pu envisager la suite des événements. Priorité des priorités : *Thérèse*, l'agent de liaison qui allait débarquer le lendemain du premier train de Paris à la gare de Caen, comme tous les mardis. Toute la nuit du lundi 17 avril au matin du 18, j'ai cherché où était mon devoir : ne pas bouger pour protéger les enfants, ou essayer de

---

1. Certaines denrées n'étaient disponibles qu'un jour sur deux. Les jours « sans », on attendait donc les jours « avec ».

la récupérer. Le dénonciateur de Pierrot et d'Alexis savait qu'elle arrivait, donc la Gestapo aussi. Alors, pour elle-même, mais aussi pour Pierrot, pour Alexis, *Thérèse* ne devait pas tomber entre leurs mains.

Les enfants dormaient. Je suis sortie sans bruit, et j'étais à la gare de Caen bien avant l'arrivée du train. Mais je ne suis pas allée sur le quai : je suis restée cachée derrière les barrières, et j'ai eu la chance qu'elle m'aperçoive. Je lui ai fait signe de sortir par le petit portillon à côté de moi. Nous redescendions de la gare quand les deux tractions de la Gestapo nous ont dépassées avec Pierrot dedans. Aucun d'eux, pas même lui, ne nous a remarquées, puisque Pierrot a dit par la suite à l'abbé Lemoine qu'il se demandait ce que *Thérèse* était devenue.

Elle est restée cachée avec nous dans la chambre de la rue Écuyère. Nous avons partagé avec elle le peu de nourriture dont nous disposions et surtout notre unique lit. Il était assez grand, mais c'était quand même un peu juste pour quatre. Les petits ont cependant réussi à dormir.

La chambre était toute simple, ce qu'on appelle une chambre de bonne, au 4e étage d'un vieil immeuble, avec l'eau et les toilettes dans le couloir pour tout le palier. Déjà rompu aux déplacements ferroviaires malgré son jeune âge, Papou, à la vue des WC à la turque, s'était écrié : « Tiens ! c'est comme dans les gares !... »

La Gestapo avait averti Yveline Lelièvre, qui est venue me le dire, qu'ils étaient sûrs que cette fille de Paris était arrivée et se cachait, qu'ils la trouveraient et gardaient la gare et les issues de la ville : « De toute façon, elle ne sortira pas de Caen !... » Le mercredi matin à l'aube, je l'ai conduite à pied à la gare de Feuguerolles. Elle y a pris le train en direction de

Laval et, de là, a regagné Paris. La Gestapo l'a attendue deux jours à la gare de Caen.

Thérèse sauve, je suis revenue à la chambre retrouver les enfants. Ils se sont préparés pour partir se mettre à l'abri chez ces mêmes juifs, qui étaient à la campagne à 15 km de la ville. J'ai partagé notre argent avec Claudine pour qu'elle puisse payer leur séjour, je lui ai confié son petit frère et lui ai demandé de m'attendre un mois. Je m'en référais à l'arrestation des Van Pee, qui avaient été déportés après un mois passé à la prison de Nantes. Si je n'étais pas revenue les chercher passé ce délai, ils devaient partir tous les deux rejoindre maman en Dordogne. Je les ai conduits au car. Nous n'avons pas pleuré, ni Claudine ni moi. Pourtant quel déchirement !... Le petit croyait que je partais avec eux. Claudine, avec une volonté incroyable chez une enfant de 12 ans, est montée dans le car en tenant Papou par la main. Elle savait que j'allais tenter d'apprendre quelque chose sur leur père. Je voulais aussi prévenir Pierrot que j'avais pu sauver Thérèse et que, de ce côté au moins, il pouvait être tranquille.

« Ces messieurs de la Gestapo veulent vous voir... »

Je suis alors partie me jeter dans la gueule du loup. Cela peut paraître stupide de ma part, mais, avec le recul du temps, je pense que ce n'était pas si bête. Pour avoir des renseignements, je suis tout simplement montée à la prison où étaient détenus Pierrot et Alexis. Je suis arrivée par le côté, sur une bicyclette prêtée par Mme Lelièvre, devant un mur d'enceinte d'où j'avais vue sur les fenêtres des étages. J'ai sifflé très fort *Se canto*, ce chant toulousain qui nous servait de moyen de reconnaissance avec Pierrot et Alexis. C'est ce dernier qui, par le vasistas de sa cellule du troisième étage, m'a entendue et vue. Il m'a répondu. Je ne pouvais pas le voir, mais je pouvais l'entendre. Il m'a demandé des nouvelles de sa femme. Je lui en ai donné, puis je me suis enquise de Pierrot. Il m'a dit qu'il devait avoir été transféré à Fresnes. En fait, il était dans une cellule voisine, mais la Gestapo le martyrisait depuis deux jours et il était incapable de se lever. J'ai su par la suite qu'il m'avait entendue, lui aussi.

Je n'ai pu en apprendre davantage d'Alexis, car il s'est arrêté brusquement et le vasistas s'est refermé. Le bruit d'un grand branle-bas m'est parvenu de la cour de la prison, des soldats allemands sont arrivés sur moi en vociférant et ils m'ont entraînée à l'intérieur. La grande porte s'est refermée sur mon angoisse.

En entendant le bruit sourd du portail et le claquement des verrous, je n'en menais pas large. Ils m'ont pris mon vélo et m'ont conduite au bureau. Là, j'ai dû expliquer pourquoi je parlais à un prisonnier. J'ai donc dit une partie de la vérité : je voulais donner des nouvelles de sa femme à un garçon qui avait dû être arrêté par erreur. Elle était une grande malade, ce qui justifiait l'irrégularité de ma démarche. Ils m'ont crue et m'ont réclamé ma carte d'identité. J'en avais une presque vraie, et qui collait bien à la situation puisque j'étais Emilienne Tamplin, de l'Assistance publique. Ils m'ont sermonnée : je n'avais pas le droit de parler avec des terroristes, mais enfin je pouvais partir. Ils gardaient ma carte d'identité que je devrais aller récupérer au siège de la Gestapo, rue des Jacobins.

Je me retenais de courir, mais j'ai quand même descendu très vite le perron. J'arrivais à la grande porte, le gardien français allait m'ouvrir, quand on a rugi derrière moi : « Refermez la porte !... Qu'elle revienne !... » La mort dans l'âme, j'ai dû remonter les marches et réintégrer le bureau. J'ai entendu, sur un ton glacial : « Ces messieurs de la Gestapo veulent vous voir, car le prisonnier avec lequel vous parliez est au secret. » A ce moment, je me suis dit qu'il allait falloir jouer serré. J'ai décidé de dire la vérité. Ma carte était fausse, j'étais Mme Pierre Audigé. Mon mari avait été arrêté et je voulais seulement avoir de ses nouvelles. Pierrot avait ma photo sur lui, donc il valait mieux leur avouer qui j'étais avant qu'ils le découvrent eux-mêmes. Les gardiens m'ont fait attendre dans un grand couloir que « ces messieurs » arrivent.

J'avais sur moi deux choses à faire disparaître. La première, c'était l'adresse du bureau de Paris, que *Thérèse* avait inscrite elle-même sur le haut d'un cantique cartonné pour me permettre de les joindre. J'ai donc sorti ce cantique et l'ai récité tout en mâchonnant la partie supérieure du carton. Pour plus de sûreté, j'ai même mâché un peu autour. Les Allemands m'ont demandé ce que je faisais. Je leur ai expliqué que je disais une prière. « T'en auras besoin tout à l'heure ! » m'ont-ils répondu pour me mettre en condition. En attendant, l'adresse de Paris avait disparu.

Restait le deuxième problème : la clef de la chambre de la rue Écuyère. Il ne fallait pas qu'ils essaient de savoir ce qu'elle ouvrait et puissent remonter la filière jusqu'aux enfants. On m'a pris mon sac et mon manteau, dans la doublure duquel j'avais glissé la clef.

La gardienne en chef est venue me chercher pour m'emmener à l'étage. Là, elle m'a enjoint de me déshabiller et m'a fouillée avant que la Gestapo ne vienne me prendre. A ce moment-là, une seule chose me tracassait. Je sais, maintenant on parle de cela sans aucune gêne, mais ma génération était plus pudique : mes règles étaient arrêtées depuis la veille ; hélas, avec toutes ces émotions, le processus venait de se remettre en route. J'ai été contrainte de surmonter ma répulsion et de demander à cette Allemande de me donner une serviette ou quelque chose à me mettre. La seule réponse que j'obtins fut une solide paire de claques, et je dus, bon gré mal gré, m'exécuter pour qu'elle fasse son inspection. Une fois rhabillée et redescendue, je constatai que « ces messieurs » étaient là. Ils exhibaient une grosse machine à écrire et voulaient que je la reconnaisse comme appartenant à Pierrot. Je n'avais pas de mal à ne pas la reconnaître : la sienne était encore cachée sous le lit de la chambre, rue Écuyère. Ils se sont fâchés et ont réclamé mon manteau. Nous allions rue des Jacobins. J'ai pu, en enfilant mon vêtement, retrouver la clef.

Nous sommes tous sortis de la prison. Deux tractions attendaient devant la porte. Je ne pensais qu'à faire disparaître la clef. Ils m'ont bousculée, j'ai simulé une chute et j'ai pu jeter la clef sous la voiture. Ouf ! J'étais encadrée de deux types, la deuxième traction était pleine de leurs gens et, pour mettre un comble au ridicule, deux motards nous accompagnaient. Ils ne prenaient pas de risques ! Vu ma taille et mon poids, cela aurait été risible, n'étaient les circonstances.

Premier interrogatoire

Nous sommes arrivés par le jardin de cette maison qui faisait si peur, siège de la Gestapo de Caen. Au premier étage, on m'a précipitée dans un petit bureau minable où trônaient deux des principales maîtresses de certains pontes de la police secrète. Je les reconnaissais, une brune et une blonde, elles défrayaient depuis assez longtemps la chronique caennaise. Pendant que j'attendais, il est venu là deux types. Elles échangeaient avec eux des paroles et des gestes obscènes. Je ne bronchais pas, mais quel dégoût je ressentais : des Françaises !... Furieuses de me voir indifférente, elles ont éclaté de rire : « Tu feras moins ta mijaurée quand tu ressortiras du bureau de “ces messieurs”. »

Quand je suis entrée dans le fameux bureau, ils étaient là sept, dont l'abject Brière. Il était énorme avec ses bottes, sa barbe rousse, ce côté bestial. Il avait une grande tige flexible, une sorte de baguette en caoutchouc à la main. La pièce était meublée d'un bureau, de quelques chaises et d'un fauteuil. Deux danois impressionnants mettaient une dernière touche à la mise en scène destinée à effrayer le visiteur. On m'a dit de m'asseoir et on a fait salon... Ils me posaient des questions sur moi, ma famille, si j'avais des enfants... Pour les enfants, je répondais bien sagement que je m'en étais débarrassée en les envoyant dans le Midi, chez des parents. Je récitais ma leçon. Puis sont venues des questions plus précises sur mon mari, un chef terroriste. J'ai continué à débiter le texte mis au point avec Pierrot : il « cavalait », moi de même ; il me donnait de l'argent.

Cette comédie n'a pas duré longtemps. Brière s'est fâché : « Ça suffit !... on veut en savoir plus. Tu vas nous dire ce que tu sais des amis de ton mari. » Puis il a crié : « Déshabille-toi !... On va s'occuper de te rafraîchir la mémoire. »

Je ne m'étais jamais déshabillée devant personne, sauf la gardienne, mais ce n'était pas cela qui me terrifiait. Cela semble stupide, mais je me sentais surtout sale. Les petits inconvénients féminins qui étaient arrivés à un moment vraiment inopportun me hantaient et me semblaient sur le coup plus importants que tout le reste. J'étais affreusement humiliée. Je savais que c'étaient les méthodes de ces tortionnaires, mais ils me mettaient quand même en état d'infériorité et je ne me sentais pas capable de les affronter. Alors, dans une réaction parfaitement illusoire, j'ai essayé de gagner du temps. Je portais une roble bleue qui se fermait à l'arrière par des petits boutons fort malcommodes. Ordinairement, je demandais l'aide de Pierrot ou de Claudine pour finir. Là, il n'en était évidemment pas question, mais le déshabillage n'avançait pas vite. « Ces messieurs » s'impatientaient et me lançaient des « Alors ! ça vient ?... », « On attend !... », « Tu veux qu'on t'aide ?... ».

Finalement, j'ai dominé ma peur et ma honte, et, bien en face, je leur ai dit que devant des Français cela me gênerait, pas devant des Allemands, mais que je garderais ma culotte car j'étais indisposée. Comme je ne voulais absolument pas la retirer, je leur ai suggéré de téléphoner à la gardienne. Ils l'ont fait, c'est un certain Walter qui a téléphoné en allemand.

Il peut paraître curieux qu'ils aient tenu à vérifier, mais, au fil des recommandations de Doutreligne, j'avais attrapé au vol cette indication donnée à l'un des agents de liaison féminins : les Allemands avaient une profonde répulsion pour les prisonnières soumises à ces « détails intimes ». En cas d'arrestation, cela permettait quelques jours de répit avant des interrogatoires plus poussés.

Je me suis donc retrouvée torse nu. Alors, avec les coups de baguette sur le dos se mirent à tomber des noms. « Tu connais ? » Je m'étonnais de m'entendre répondre : « Mais puisque je vous ai dit tout ce que je savais !... Je ne connais pas ces gens-là. » Je m'entendais le dire sans avoir besoin de me le commander, comme un automate. « Et ta carte qui est fausse, pourquoi ? Qui te l'a donnée ? » La réponse était prête : « On en trouve partout avec de l'argent, comme ça on est tranquille, on change de nom. » Combien de temps a duré ce premier interrogatoire ? Aucune idée, j'avais bien mal, mais je tenais. Enfin j'ai reçu l'ordre de me rhabiller.

La prison de Caen

De retour à la prison à la nuit tombante, ils m'ont laissée à la gardienne sur ces mots : « A demain !... » Je me suis retrouvée dans la cellule n° 5, au secret. J'étais abrutie, meurtrie. L'heure du « souper » était passée, comme le repas du midi, mais je n'avais pas faim, je pensais au lendemain. La porte s'est ouverte, j'ai reçu l'ordre de me dévêtir et de mettre mes vêtements sur la rampe extérieure. J'ai pu garder ma fichue culotte, mais pas d'eau, ni pour boire, ni pour me laver un peu. J'avais retrouvé un mouchoir dans ma robe, il a fait fonction de serviette hygiénique. Je me suis enveloppée dans la couverture, je suis restée un long moment hébétée, puis j'ai fini par m'endormir.

Au matin, bruits de clefs, de pas, on doit reprendre ses habits, puis, un bon moment après, la porte s'ouvre pour le « jus ». J'ai bien vu le seau, mais je n'ai eu droit à rien. J'ai appris par la suite qu'il fallait « saluer la gardienne, sinon : rien ».

Dans la matinée, remue-ménage dans le couloir. J'ai pensé : « La Gestapo !... » Mais non, c'était le jour et l'heure des douches. En file indienne avec d'autres prisonnières, je suis descendue au sous-sol. Je n'avais ni savon, ni serviette de toilette et je ne pouvais pas en demander, car nous n'avions pas le droit de communiquer. L'eau était glacée. Je regardais les femmes qui étaient là : certaines avaient le dos dans un état effrayant. Ça promettait ! L'eau a quand même lavé un peu ma culotte, mais que j'ai eu froid, rhabillée à la hâte sans pouvoir me sécher !

Nous remontions en rang quand une voix m'a interpellée en allemand. C'était une prisonnière que je n'ai même pas vue, car la gardienne m'a sauté dessus : « Espionne !... » Et à coups de trousseau de clefs elle s'est mise à me taper sur la tête, sur le front. Je parais, mais mal. Elle a tant frappé que je suis tombée. J'ai senti qu'elle me traînait par les cheveux en hurlant jusqu'au cachot.

J'étais très mal en point, mon dos me faisait affreusement mal, quant à ma tête !... J'avais l'arcade sourcilière gauche pas mal ouverte. La cicatrice est toujours là. Je n'ai ni pleuré, ni crié, car je me suis évanouie. Je n'ai repris mes esprits que longtemps après. J'étais couchée sur un grabat dans une pièce toute noire. Je ne pouvais rien distinguer : la nuit était tombée, et le peu de lumière qui me parvenait dans la journée ne passait plus. Soudain des pas s'arrêtent devant la cellule. « Mon Dieu, je suis si faible, pourvu que ce ne soit pas la Gestapo... » La porte s'ouvre, on allume. C'est l'officier allemand qui dirige la prison, et la gardienne. Ils parlent tous les deux dans leur langue. Puis le directeur m'adresse la parole : « Vous ne comprenez pas l'allemand ?... » Je réponds par la négative. Alors s'adressant à la gardienne, il dit : « C'est vrai, elle n'a pas bronché. » A quoi ? On me reconduit dans ma cellule.

L'heure du « souper » était passée. N'ayant rien pris, ni le matin, ni le midi, je terminais ma deuxième journée de jeûne. Pourtant, je ne sentais pas la faim, mais la peur du lendemain. Complètement épuisée, j'ai remis mes vêtements sur la rampe et me suis écroulée sur le lit. C'était le jeudi 20 avril.

Le lendemain matin, la porte s'ouvre devant deux soldats allemands qui me conduisent chez le directeur. La malheureuse femme qui m'a interpellée la veille est là. Surprise : c'est une Française. Elle paraît très âgée, mais quel cran ! Elle explique : oui, elle a essayé de me parler, on lui avait dit qu'une nouvelle était arrivée, une Allemande. Or, quand elles sont incarcérées, elles, on les relâche généralement assez vite. Elle voulait qu'à sa sortie cette Allemande transmette un message à son fils : elle part dans un camp le lendemain. Puis, se tournant vers moi, elle dit : « Pardon, et courage !... » Je réponds : « Courage à vous aussi !... » J'ai pu par la suite voir son fils, car elle m'avait donné son nom : « Je suis Mme Raoul, de Langrune-sur-Mer. Dites-lui que je pars en Allemagne. » Elle y est morte.

Ce même vendredi, ils sont revenus me chercher. Cette fois, ils n'étaient que trois, dans une seule voiture. Rue des Jacobins, Brière était là, il bafouillait, il semblait ivre. Ce n'est pas lui qui posait les questions et qui tapait, c'était Walter, un boche. Je tenais, sans penser à rien. J'avais mal, mais je m'entendais toujours répondre que je ne savais rien de plus. J'avais remis mes vêtements et on m'a reconduite à la prison. J'avais appris aux Jacobins que Pierrot refusait toujours de parler : « Il continue à se moquer de nous, mais on arrivera à le faire parler. Après, on l'emmènera à Fresnes pour le confronter à d'autres chefs terroristes, il sera jugé et fusillé. »

Samedi matin, promenade dans une courette, toute seule. L'après-midi arrive, et avec lui la hantise de les voir survenir pour m'emmener à la Gestapo. Soudain, des pas, la porte s'ouvre : ce sont encore deux soldats allemands qui m'encadrent et me conduisent dehors, dans une cour à droite de la prison. Je me dis : « Ce n'est pas possible ! Je n'ai rien avoué, et ils vont me fusiller... ou c'est un simulacre pour faire parler Pierrot. » Je pense aux deux petits et j'attends. Les soldats partent, j'arrive à me contrôler. Je regarde autour de moi : je suis seule. Face à moi, des cabanes avec des lapins le long du mur de la prison, un mur latéral avec beaucoup de vasistas, et une fenêtre ouverte au premier. De là sortent des voix, on hurle en allemand, en français... Je pense qu'on m'avait mise là pour être reconnue. Par qui ? J'y suis restée bien longtemps, il faisait un soleil magnifique, mais je ne pouvais pas m'empêcher de trembler. Je pensais à *Corbeau*, et je me disais : « Il leur a raconté que je n'avais pas quitté Pierrot, que je venais à leurs rendez-vous... » Les deux soldats sont enfin revenus et m'ont reconduite sans un mot à ma cellule, au rez-de-chaussée.

Le dimanche, rien ne se passe, sinon que pour le « déjeuner » j'ai droit à un morceau de boudin tout vert que je déchiquette avant de le jeter dans la tinette.

Arrive le lundi après-midi. On repart pour la Rue des Jacobins, nouvel interrogatoire. Chaque fois que j'arrivais au siège de la Gestapo, une crispation douloureuse me tenaillait intérieurement : « Mon Dieu, faites que Pierrot ne soit pas là !... » Je redoutais tellement de le revoir – dans quel état ? Et moi si diminuée. Que lui feraient-ils pour qu'il parle, et surtout pour que ce soit moi qui parle ?... Ce jour-là, Brière est absent, c'est un nommé Albert, un méchant à tête de fouine, qui le remplace. « Te déshabille pas, c'est pas la peine !... » Aussitôt une avalanche de claques me tombent sur la tête. Cela fait très peur. « Ton mari ne veut pas parler. Tu ne le reverras jamais, on l'emmène à Fresnes, il sera jugé. Si tu sais quelque chose pour le sauver, dis-le vite. » Naturellement, je ne dis rien.

Dieu merci, ils ne m'ont jamais parlé de mes enfants depuis le premier interrogatoire.

Cellule n° 5

Le mardi, j'ai pu regarder avec sérénité l'endroit où je logeais, la cellule n° 5. A l'intérieur, un lit attaché au mur par une chaîne, une table et un tabouret également enchaînés. A droite de la porte au judas, la tinette, retenue elle aussi par une chaîne, sortait d'un trou dans le mur, au ras du sol. Un bout d'étagère au-dessus pour mettre, je pense, le nécessaire de toilette, mais je n'avais rien à déposer sinon mon petit peigne. Sur la table, une écuelle en fer et une cuillère du même métal, un gobelet, pas de cuvette.

Le matin, le jus de gland arrivait, escorté de la gardienne et de deux femmes – il avait fallu auparavant reculer de deux pas et dire : « Bonjour, madame !... » Ce n'était pas bon, mais cela avait le mérite d'être chaud. Ensuite, la tinette était tirée vers le couloir par le trou, et, par le même passage, une *droit commun* – je pense, car elle manquait de savoir-vivre – me tendait un bout de pain que je devais recevoir à genoux. Pendant qu'une autre vidait la tinette, elle essayait de me faire parler, de savoir qui j'étais, si j'étais mariée, etc. Je répondais invariablement la même chose : « Je n'y comprends rien, on va me relâcher, je n'ai rien fait, je n'ai rien à me reprocher. » Alors, toujours par l'endroit réservé à la tinette, elle me tendait de l'eau. Je devais très vite me laver – et très succinctement : elle versait la valeur de mon gobelet ! Elle remettait la tinette à sa place et s'en allait. L'eau pour boire, c'était au repas, si l'on peut dire, du midi, pas plus.

Je n'ai aucun souvenir de viande en dehors du boudin dominical. D'ailleurs, n'ayant qu'une cuillère comme ustensile...

Comme personne à l'extérieur ne semblait être au courant de mon incarcération, je n'ai jamais pu changer de linge, ni me laver autrement qu'à l'eau froide lors des douches et avec mes seules mains dans la cellule. Quand je me coiffais, je ramenais sur le peigne des touffes entières de cheveux, j'en perdais beaucoup.

Les journées étaient longues, mais, quand arrivait le soir, je respirais un peu : encore un jour de passé sans interrogatoire.

Une nuit, réveillée en sursaut, j'entends au-dessus de moi des cris déchirants. Je pense : « C'est après Pierrot qu'ils en ont. » Cela dure des heures, me semble-t-il. On court dans les couloirs, et toutes ces passerelles de fer font un bruit infernal. Je tremble.

Au matin, à l'heure de la vidange de la tinette, la femme qui me fait mettre à genoux pour le morceau de pain me chuchote : « Tu as entendu, cette nuit, ça criait. C'était une prisonnière qui accouchait, elle y a mis le temps !... » Pauvre malheureuse, si c'était vrai. Comme elle a dû souffrir, et doublement : je n'ai pas entendu de cris de bébé, il est mort-né ou ils l'ont emmené tout de suite. Je n'ai jamais pu savoir qui c'était, en admettant que l'information fût exacte.

Au secret

J'étais au secret, et pour de bon. Je savais que les internés pouvaient faire passer des messages, des objets. Moi, rien, je ne les voyais pas. Une *droit commun*, une fois, m'a chuchoté : « Ton mari est au troisième étage, quartier des hommes. Veux-tu que j'essaie de lui faire passer un message de toi ?... As-tu quelque chose à lui faire dire ?... Je m'arrangerai, et demain je t'apporterai la réponse. » J'étais trop méfiante pour tomber dans le panneau. J'ai remercié, mais je n'avais rien à lui faire dire. Après, j'ai regretté ; mais non, j'avais eu raison, puisque plus jamais elles ne m'ont adressé la parole.

C'est long de rester inactive et seule. Pourtant, je préférais n'avoir personne dans ma cellule, je me méfiais de tout. Et puis j'ai toujours eu horreur de me déshabiller, de faire ma

« toilette », si l'on peut dire en ces circonstances, devant les autres. En pension, j'en avais été trop malheureuse.

Un jour, la gardienne, « la chef », comme elles disaient, est venue me tendre un morceau de verre, un éclat de vitre sans doute, et m'a dit : « Tiens, gratte toutes les inscriptions sur les murs. » Il y en avait beaucoup, des prières très belles, des dates, des noms. Je grattais sans ardeur, le plâtre tombait un peu, mais c'était coupant et pas facile à manier. Le soir, elle est revenue et m'a lancé : « C'est tout ce que tu as su faire avec un morceau de verre ! Il est bien pointu pourtant… » Sans doute pensait-elle que j'aurais dû en profiter pour m'ouvrir les veines. J'ai fait l'imbécile, et je lui ai seulement répondu : « Vous m'avez dit de gratter les murs, j'ai gratté, mais il y a beaucoup d'inscriptions. Ce n'est pas grave, ça m'occupe. » Je n'aurais sans doute pas dû ajouter cette dernière phrase, car elle m'a repris le « grattoir » en faisant bien attention de ne pas se couper, et je n'ai plus rien eu d'autre à faire qu'à attendre.

Les heures, les jours passaient, moi qui suis si bavarde réduite au silence. Même la gardienne ne me parlait pas : dans ma cellule, aux douches, pas un mot, et toujours pas de linge propre… Dieu merci, à la première douche froide mes règles s'étaient arrêtées. L'eau était glaciale, mais au moins, sous la douche, nous nous lavions, ma culotte et moi.

Un matin, la « chef » vient me chercher et m'emmène dans une autre cellule où se trouve déjà une gardienne. Elle me laisse plantée au milieu de la pièce, saisit un mètre de couturière et commence à prendre consciencieusement mes mesures. Hauteur, largeur d'épaules… Les deux femmes échangent quelques phrases en allemand. Je m'interroge avec un brin d'inquiétude : à quoi rime ce manège ? Ne s'agirait-il pas de déterminer mon gabarit pour une prochaine mise en bière ? Tout est possible, ici. Mon anxiété doit se lire sur mon visage, car, au bout d'un moment, l'autre m'explique dans un sabir mi-allemand mi-français qu'il n'est question que de tricot : la « chef » a une fille de la même taille que moi, et je lui sers de mannequin pour un pull ou une robe. Je m'avise à ce moment que la deuxième gardienne a effectivement en main des aiguilles à tricoter. Soulagement. D'ailleurs, j'y pense, en cas de décès les Allemands ne fournissent pas le cercueil. Pendant qu'on me ramène à ma cellule, je me demande si, tout de même, il ne s'agissait pas d'un nouveau piège de la « chef » qui, dans son zèle, voulait vérifier si je ne comprenais réellement pas l'allemand. Bah ! de toute façon elle en aura été pour ses frais.

Durant mon incarcération, je ne connaissais que de très rares moments de « distraction » : la douche matinale du jeudi et la promenade du samedi dans une courette mal éclairée par le soleil du début de journée. J'en profitais cependant pour tenter d'apercevoir les fenêtres des cellules au-dessus de moi. Je ne voyais jamais personne, sauf une fois où j'ai repéré au troisième étage un homme grand, à la barbe blanche et au visage très mince. Il a pu me faire de la main le V de la victoire, puis il a disparu très vite en fermant le vasistas. J'ai appris par la suite qu'il s'agissait du sculpteur Douin qui, lors de son arrestation, portait une magnifique barbe noire.

Un soir – je ne savais plus quel jour nous étions –, la prison a retenti de cris de joie : « Brière a été descendu !... Brière a été descendu !... Nous sommes le 3 mai. » Nous avons eu droit à une distribution de coups pour nous faire taire. Cette fois je n'en ai pas reçu, mais j'ai bien entendu le message d'espoir : une saleté de moins !

Pendant toutes ces journées de solitude, j'ai beaucoup prié, supplié. Je me suis promis de tenir l'engagement que je renouvelais à longueur de temps : « Si Pierrot ne revient pas, j'élèverai nos enfants en essayant qu'ils souffrent le moins possible de ne plus avoir leur père. Ils feront des études comme Pierrot l'aurait voulu. » J'ai même osé lancer ce défi à la petite sœur Thérèse : « Je n'ai aucune chance de m'en tirer, alors, vous qui pouvez tant de choses, sortez-moi de là, et j'irai à Lisieux vous demander pardon d'avoir douté de vous. » Je l'ai fait.

Le 5 mai arrive, promenade dans la courette, puis, vers 3 heures de l'après-midi, des pas devant ma cellule. « Mon Dieu ! ça va recommencer... Ou alors ils ont tué Pierrot... » C'est bien la Gestapo, Hervé et un autre. Je m'attends au pire et, de toute façon, à être emmenée rue des Jacobins. Pas du tout : « Tu es libre, plie ta couverture, prépare tes affaires !... » Mes « affaires » se réduisent à un peigne et à un mouchoir infect. La porte s'est refermée. Je ne bouge pas. On connaît la manœuvre : d'abord on vous annonce votre libération, ensuite on vous emmène à l'interrogatoire. Le moral complètement sapé après avoir tellement espéré, vous craquez. Pas de ça : je reste sur mes gardes.

Libre !

Trois heures se passe, dans l'angoisse. Les pas reviennent, et je me fais houspiller parce que la couverture n'est pas pliée. Je la plie, et nous sortons. C'était vrai ! Pas d'interrogatoire, mais les formalités de la levée d'écrou ! Je récupère mon manteau, mon sac, et on m'avertit que l'argent qu'il contenait a été retenu « au profit des orphelins allemands »... Sans commentaire. En tout cas, ils n'ont pas trouvé les trois louis d'or cachés dans ma boîte de poudre de riz !

On me rend mon vélo, et la grande porte s'ouvre. Je me précipite maladroitement : je suis ivre de soulagement, je voudrais pouvoir aller plus vite, mes jambes flageolent, j'en tremble... Dans ma hâte, je prends une bûche mémorable sur le boulevard, puis, relevée aussitôt, je m'aperçois qu'elle est due en grande partie au dévissage des écrous de la selle et du guidon. Sans doute à la recherche de documents, mes tortionnaires ont démonté ces deux pièces, et ils ont omis d'en resserrer les boulons après remontage. Qu'à cela ne tienne, je pousse le vélo jusque chez les Lelièvre, et je l'abandonne dans leur couloir.

Ensuite, je suis allée place Fontette chez le docteur Le Bars, un ami de Pierrot, qui, on l'a vu, faisait partie du réseau. Je voulais lui demander de téléphoner à Douvres à mon beau-frère, le docteur Audigé. La côte était zone interdite, mais entre médecins ils pouvaient communiquer.

Quand il m'a ouvert, il m'a tout de suite reconnue et m'a immédiatement introduite dans son cabinet de consultation. Je lui ai expliqué la situation, mais l'évocation de la prison a déclenché chez moi des tremblements irrépressibles – sans doute les nerfs et le soulagement de me trouver enfin devant un ami, après dix-sept jours de souffrances, d'humiliations et d'angoisse. Le pauvre docteur Le Bars en a été tellement effrayé qu'il s'est trouvé incapable de téléphoner. Il avait habituellement un léger défaut de prononciation – il bégayait un peu –, mais là, c'était vraiment la catastrophe, à tel point que j'ai dû demander le numéro moi-même. Après un petit moment, ce brave docteur a finalement retrouvé son calme et ses moyens. Il m'a donné deux cachets et un grand verre d'eau fraîche, car c'était bien ma santé qui l'avait inquiété : il ne craignait nullement que ma présence à son cabinet lui nuise. J'ai donc pu joindre mon beau-frère et lui ai demandé de me prêter un vélo pour que je puisse aller chercher les enfants. Il était un peu ahuri de m'entendre, mais il a promis, la bicyclette devant m'être amenée le lendemain par son père.

J'avais fixé le rendez-vous à Caen, rue Froide, devant l'église Saint-Sauveur. Je suis aussitôt partie m'y mettre à l'abri, car j'avais peur que la Gestapo ne me fasse suivre et je ne pouvais donc pas aller coucher rue Écuyère. Je me suis cachée dans cette très belle église, très sombre, et j'ai attendu. A la brune, j'ai entendu le sacristain fermer les portes et s'en aller. J'ai poussé un soupir de soulagement et je me suis installée pour la nuit. J'ai dormi sur un banc, enfin en sécurité !...

Le matin, j'ai assisté à la messe, et je suis restée dans l'église en attendant mon beau-père. Il est enfin arrivé, très anxieux du sort de Pierrot, et est reparti bouleversé parce que je ne savais rien de lui. J'ai enfourché la bicyclette et, en faisant de grands détours, je suis arrivée rue Écuyère. Tout en pédalant, je regardais de tous côtés pour être sûre que la Gestapo ne s'occupait plus de moi.

Il est curieux de constater comme les sentiments les plus divers peuvent cohabiter dans une même personne et comme le sens du comique fait aisément son nid dans les situations les plus tragiques. Je venais de quitter mon beau-père taraudé par l'inquiétude ; mon mari était incarcéré, torturé, mort peut-être ; je sortais moi-même de plus de deux semaines de détention et d'interrogation ; j'étais incertaine quant au sort de mes enfants et je devais m'assurer que la Gestapo avait perdu ma trace ; enfin, d'une manière générale, la situation était critique. Au milieu de tout cela, mon attention se fixait, et pour en rire, sur le caractère grotesque de mon moyen de locomotion : le vélo que mon beau-frère m'avait fait parvenir était un vélo d'homme. Je ne pouvais pas m'asseoir sur sa selle, car j'effleurais juste les pédales du bout du pied. Je devais donc pédaler « en danseuse » et m'asseoir sur le cadre quand je m'arrêtais.

J'étais consciente du burlesque de ma position, et cette conscience nourrissait un sentiment du dérisoire né du contraste entre la noblesse de nos idéaux, la situation désespérée dans laquelle nous nous débattions et les moyens mis en œuvre pour nous en sortir.

Quoi qu'il en soit, la voie était libre, et je suis parvenue rue Écuyère sans encombre. J'ai laissé le vélo dans le couloir et suis montée au quatrième étage. La clé de secours était sous le paillasson. Je me suis lavée et, surtout, j'ai changé de linge avec délice. C'est peu dire que celui que je portais était sale : il était innommable ! J'en ai fait un paquet pour m'en débarrasser. Je ne voulais même pas le laver, il n'était pas question que je garde de tels souvenirs ! J'ai enfilé un vieil imperméable, pas très frais, mais préférable à mon manteau qui me rendait plus facile à repérer.

Une fois lavée et habillée, je me sentais véritablement une autre femme. Il faut avoir vécu une pareille claustration pour se rappeler que l'être humain fait partie du règne animal !... Je suis descendue et j'ai pris la route de Mutrécy, minuscule sur mon grand vélo. A la sortie de Fleury, je me suis délestée de mon paquet par-dessus une haie : j'étais à jour, mes deux semaines de détention entre parenthèses.

Retrouvailles

Je ne suis pas allée chercher les enfants ce jour-là, je voulais quand même vérifier que la Gestapo ne s'intéressait plus à moi. Je me suis d'abord rendue à Mutrécy pour m'assurer que le presbytère était toujours libre. Il l'était. Malheureusement, les clefs se trouvaient à la mairie, et il n'y avait pas une âme pour me les donner. Personne n'a accepté de me loger pour la nuit : je sortais des mains de la Gestapo. Par bonheur, notre vieux curé a bien voulu m'assurer le gîte et le couvert à Clinchamps avec sa gouvernante.

Le lendemain matin, je suis partie voir les enfants et préparer leur départ. Je pourrais m'en tenir là, mais il ne m'est pas possible de taire notre émotion de nous retrouver, les enfants et moi. Je n'ai jamais oublié les paroles de ma grande fille... 12 ans ! Avec ce calme qui la caractérise, elle m'a dit :

« Je comptais les jours, je croyais que vous ne reviendriez jamais, Papil (c'est ainsi qu'elle nommait son père) et toi. Ne nous laisse pas, Papou pleure toutes les nuits, il t'appelle. Je dois le prendre dans mon lit pour qu'on ne l'entende pas. Emmène-nous. »

Elle a cependant très bien compris quand je lui ai dit que j'étais venue en éclaireur, afin d'être sûre que la Gestapo ne me surveillait pas. Je lui ai promis que je reviendrais les chercher le lendemain.

Le jour suivant, nous sommes partis tous les trois pour Mutrécy par le car après avoir remercié ces braves juifs et les avoir dédommagés de leurs dépenses.

Je me suis souvent demandé à quoi je devais ma libération. Après mûre réflexion, je pense que l'hypothèse la plus plausible est que la Gestapo a été convaincue de ma grande naïveté. Le fait d'être allée me livrer à la prison, de m'être placée de moi-même à leur merci, les pièges inefficaces au cours de mon incarcération, mes protestations d'innocence, les interrogatoires inutiles, tout cela a dû amener la Gestapo à conclure : « Elle est trop gourde, elle ne sait rien. Si elle savait quelque chose, elle ne serait pas venue se mettre entre nos mains. »

Sans doute, le raisonnement se tient, mais cela n'aurait pas suffi : *Corbeau* savait pertinemment que j'étais au courant de tout. Par miracle, une fois payé de sa lâcheté, il s'était sauvé faire des siennes en Bretagne. J'emploie le mot « miracle » à dessein, car pour moi c'en est un, et rien ni personne ne m'empêchera de croire que la petite sœur Thérèse est venue à mon secours.

Au cours du mois de mai, je suis retournée plusieurs fois à Caen. J'y suis allée un peu à reculons, mais j'y suis allée, en me cachant chez « Mme Denise », la tenancière de cet hôtel où nous étions restés tous les quatre une semaine. Elle recevait certains agents de la Gestapo, mais c'était une brave femme. Elle a bien voulu tâter le terrain pour que, moyennant finances, ces types fassent évader Pierrot et Alexis. Ils demandèrent 140 000 F de l'époque pour les deux.

Il peut paraître curieux que des membres de la Gestapo aient pu envisager de faire évader leurs prisonniers, mais souvenons-nous que la situation commençait à devenir nettement défavorable aux Allemands. Les Alliés tenaient l'Afrique Noire et le Maghreb, la Sicile, une partie de l'Italie, et la Corse était libérée. Tout le monde s'attendait d'un jour à l'autre à un débarquement allié directement en métropole. Dans ce contexte, seuls les véritables fanatiques du nazisme continuaient à agir comme si rien n'avait changé. Les autres, dont l'engagement tenait plus à leur intérêt personnel qu'à la défense de l'idéologie hitlérienne, étaient plus lucides et

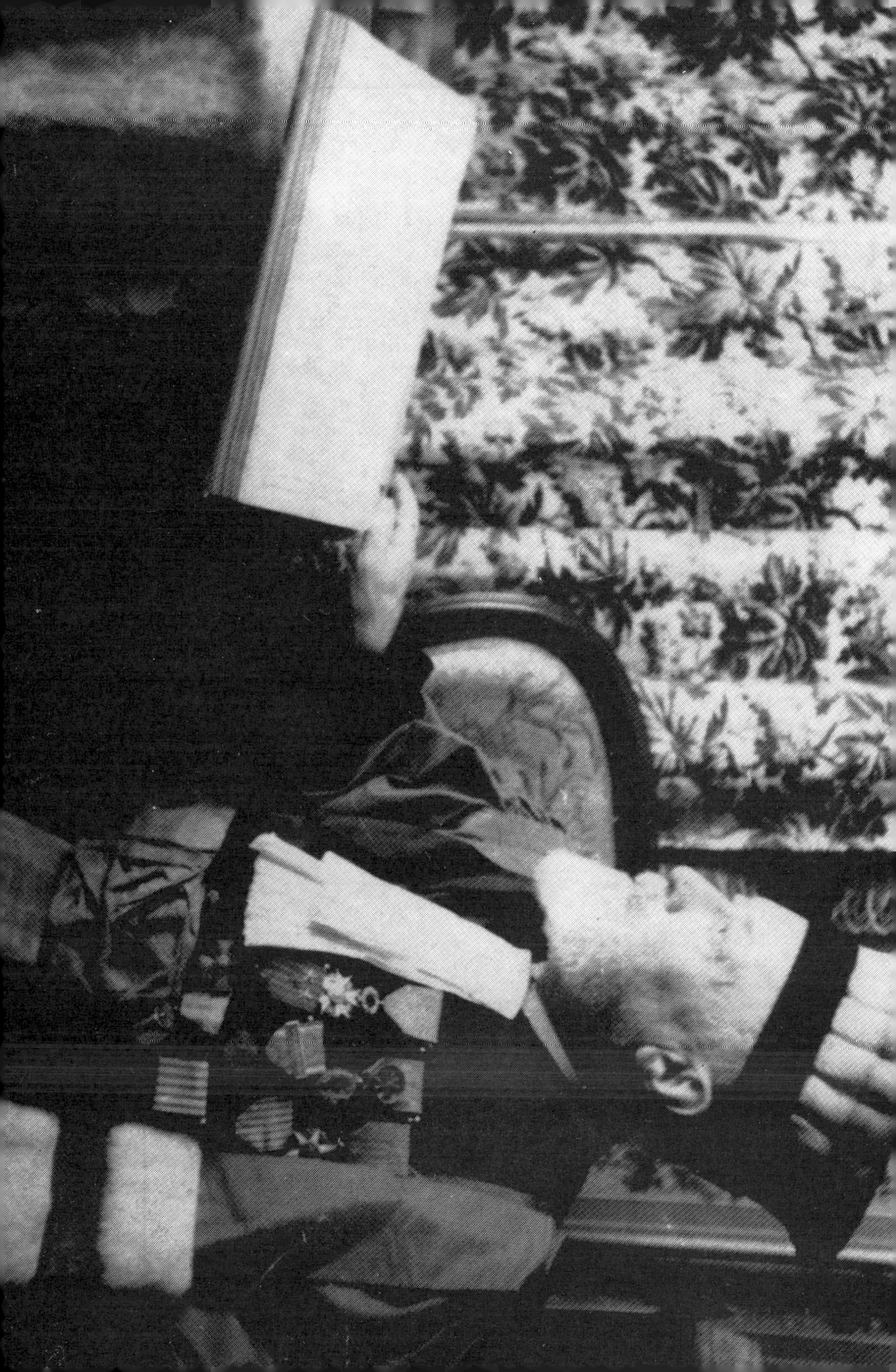

Ci-contre : Jean Gosset.

Ci-contre : Robert Palluel.

Page précédente : le professeur Audigé en grande tenue universitaire.

pensaient à préserver leur avenir plutôt que celui du régime. Aider des prisonniers à s'échapper présentait pour ceux-là un double avantage : en premier lieu, celui de leur procurer suffisamment d'argent pour pouvoir s'éclipser au moment du sauve-qui-peut déclenché par l'inévitable débarquement ; en second lieu, celui d'avoir rendu des services à la Résistance, ce qui pourrait leur être éventuellement utile par la suite. Ce second calcul n'était pas si mauvais, puisqu'on a pu voir surgir ainsi, après la Libération, de nombreux résistants de la 25e heure dont on aurait plutôt attendu la comparution en justice que l'homologation de leurs hauts faits de résistance. Toujours est-il qu'il me fallait trouver 140 000 F, somme énorme pour moi. Mon beau-père, que j'avais contacté, pouvait m'en prêter une partie, notre vieux curé un peu, Yveline Lelièvre essayait de vendre leur voiture, quant à mes bijoux, je m'en étais séparée depuis longtemps. Je n'arrivais pas à réunir la somme, mais j'avais tout de même pas loin de 100 000 F. « Mme Denise » m'a proposé de compléter par 40 000 F que je lui aurais rendus par la suite, moyennant une reconnaissance de dette. La remise de l'argent devait avoir lieu le mardi 6 juin à 10 heures chez elle. Je n'apparaissais pas dans la transaction, elle s'occupait de tout. Mon beau-père, qui m'apportait la plus grande partie de la somme, devait être là ce même matin à 9 heures. La chose était réglée.

Le 6 juin 1944 avait lieu sur le littoral bas normand le débarquement tant attendu. Dès l'aube, Caen était submergé sous les bombes, mon beau-père coincé à Luc, sur la côte, et moi désespérée. J'ignorais à ce moment que, de toute façon, Pierrot avait été transféré quatre jours plus tôt.

V

Tribulations

Dès le débarquement, deux officiers allemands sont venus nous signifier l'ordre de réquisition du presbytère où nous nous étions réinstallés, Claudine, Papou et moi. Ils me laissaient aimablement la cuisine et mon lit « pour nous trois », en précisant quand même que les hommes de troupe coucheraient sur le parquet tout autour.

Bien entendu, il était exclu que nous acceptions une telle situation. Aussi avons-nous décidé de leur abandonner le premier étage et d'aller dormir dans une ferme proche.

La salle à manger servait à l'état-major. J'avais bêtement caché quelques bouteilles de vin achetées par Pierrot au début de l'année dans les coffres à bois de cette salle. Quand, quelques jours après leur installation, je suis allée réclamer ces bouteilles, ils ont pris leur air le plus ahuri – ce qui n'était pas rien : « Des bouteilles ?... Quelles bouteilles ?... » Évidemment, j'ai dû en faire mon deuil.

Ce qui est remarquable, c'est que nous n'avions absolument pas peur des soldats allemands, gradés ou pas. Pourtant, on ne pouvait pas faire trois pas sans en rencontrer. Non, nous, ce qui nous effrayait, c'était la Gestapo.

Dans la grange était installé un véritable atelier, avec une trentaine de machines à coudre. Parmi les soldats, que nous ignorions soigneusement d'ailleurs, il en était un qui se disait polonais et parlait bien le français. Il éprouvait une véritable terreur à l'idée de partir au front : à chaque départ des camions, il venait me supplier de le cacher. Physiquement, il ressemblait un peu à mon frère, prisonnier en Allemagne, alors je l'avais surnommé Jean.

Nous passions la journée dans la cuisine ou dehors. Le soir, nous rejoignions l'étable à veaux, car la civilité des fermiers Louis et Suzanne, avait ses limites. Il n'était pas question pour nous de coucher dans le bâtiment d'habitation : « Si jamais la Gestapo… » Nous étions donc tous les trois sur la paille, et dans tous les sens du terme.

Je regrettais de ne pas comprendre du tout l'allemand, car nous étions avides de nouvelles : les Alliés avançaient-ils ? Or, dans la salle, il y avait des téléphones et, de la cuisine, on pouvait tout entendre. Parmi ces officiers qui occupaient la salle transformée en bureau, nous en avions surtout remarqué deux, qui couchaient chez l'habitant. Pour les reconnaître, je les avais (entre nous trois) affublés de surnoms : *Distingo* pour l'un, car il était raide, glacial, beau garçon et distingué. L'autre avait la croupe un peu relevée, c'était *Grain-de-Vals*.

Quand les soldats partaient au front, dans l'atelier de couture les machines à coudre se mettaient à pédaler, une véritable usine ! Je me demandais ce qu'ils cousaient ainsi. Je l'ai su par la suite, à l'occasion d'une anecdote assez macabre. Pour préparer nos repas – si l'on peut appeler ça ainsi –, j'utilisais une cuisinière à bois, et, pour l'alimenter, je débitais des bûches avec une hachette. Or un matin, en revenant de chez les veaux, plus de hachette : on me l'avait volée ! Je vais donc aussitôt protester auprès de *Distingo*. Il commence par me dire que ça ne peut pas être un soldat allemand, car ce ne sont pas des voleurs !... J'insiste : il me faut du bois pour allumer mon feu. Il donne alors un ordre en allemand. Le soldat chargé de cette mission revient peu après avec une énorme hache toute tachée. *Distingo* laisse tomber avec sa morgue coutumière : « En voici une, elle sert à couper les têtes... » Je l'ai cru, puisque je savais qu'en Allemagne ils procédaient ainsi aux exécutions capitales. Je me suis aussitôt saisie de cette hache, et, pour leur faire voir que je ne me dérobais pas malgré sa taille et sa fonction supposée, je l'ai levée au-dessus de ma tête. Hélas ! elle était vraiment très lourde, et elle m'a entraînée en arrière avec elle. Comme Papou était toujours tout près de moi, il en a reçu un coup sur le front. Malgré mon aversion pour l'armée allemande, je dois reconnaître que, très vite, des ordres ont été donnés et que Papou a été soigné et pansé en un rien de temps. J'ai conservé cette hache, je l'ai sous les yeux au moment où j'écris ces lignes. Jean le Polonais m'a expliqué à quoi elle avait servi avant d'atterrir dans ma cuisine. Comme les autres haches qu'ils emportaient dans leurs camions quand ils partaient au combat, elle était utilisée, d'après lui, pour couper les têtes des soldats morts au front afin de récupérer plus facilement leurs plaques d'identité. C'est à ce moment que j'ai compris pourquoi, au retour de la bataille, les camions étaient remplis de tenues de combat en piteux état. Dans l'atelier de la grange, on les retaillait, assemblait, cousait, pour que ces uniformes puissent à nouveau servir. Les chutes étaient brûlées dans une tranchée creusée dans le jardin du presbytère.

Pendant ce long mois de juin 1944, du 7 juin au 13 juillet en fait, nous connûmes bien d'autres péripéties. Je ne parle même pas des bombardements, qui pourtant ne nous étaient pas indifférents, car les aviateurs alliés avaient la fâcheuse manie de descendre en piqué au ras du clocher de l'église pour aller bombarder le pont du Coudray. Surtout, nous étions sans nouvelles des nôtres, de l'issue du débarquement, et nous manquions cruellement de nourriture.

Un matin, il faisait très beau, nous étions tous les trois, Claudine, Papou et moi, dans la cour où flânaient de nombreux soldats. Passe un avion à basse altitude – il en passait tellement –, mais celui-là se contente de ronronner, c'est un avion de reconnaissance. Soudain, la D.C.A. se déchaîne et les explosions crépitent de tous côtés. Nous restons collés au mur, les soldats à plat ventre dans la poussière. L'avion semble perdre de la hauteur quand tout à coup, au-dessus des bois, il lâche quatre parachutes. Papou, qui n'avait jamais entendu un tel fracas, montre le ciel de son petit index : « Regarde !... Celui-là, il n'est pas méchant, il nous lance des grosses balles !... » En un clin d'œil, les soldats allemands ont pris leurs mitraillettes et enfourché leurs motos. Ils en ont tué deux et ont ramené les deux rescapés prisonniers. Ils les ont enfermés dans une petite écurie donnant sur la cour, c'étaient des Anglais. Jamais je n'ai autant regretté de n'avoir pas été une élève plus attentive pour apprendre cette langue. Il était interdit de leur parler, mais eux arrivaient à nous dire quelques mots. Ils ont voulu connaître les noms des enfants, que je leur ai communiqués.

Quelques jours avant le départ définitif des troupes allemandes, des officiers SS sont venus les chercher en voiture. Nous assistions, pétrifiés, à leur départ. Au moment de monter avec les SS, les deux prisonniers, en s'appliquant, nous ont crié : « Au revoir, John Jack ! (Papou s'appelle en fait Jean-Jacques), Vive la France ! Vive l'Angleterre !... »

Nous ne les avons jamais revus. Avec les SS, il fallait supposer le pire, mais Jean le Polonais pensait qu'ils allaient servir de monnaie d'échange.

Une faible lueur d'espoir

C'est à la mi-juin que j'ai décidé d'aller à Caen, à vélo, bien entendu, pour tenter de savoir ce qui avait pu se passer à la prison. Les réfugiés qui déferlaient sur Mutrécy ne pouvaient rien me dire malgré mon insistance à obtenir le moindre renseignement.

Après avoir laissé Claudine et Papou à Clinchamps chez le prêtre, à qui j'avais aussi remis tout notre argent, je me suis mise en route. Tout en roulant, j'essayais de me donner du courage. Les prisonniers avaient dû être libérés, c'était prévu. Mais est-ce que la prison avait été bombardée ou non ? Allais-je retrouver Pierrot ? Si les portes de la prison avaient été ouvertes, probablement les rescapés se cachaient-ils ou continuaient-ils la lutte. Mais, si Pierrot avait pu s'enfuir, il n'aurait pas manqué de me donner signe de vie... Je me perdais en suppositions contradictoires.

Je suis arrivée à Caen par la Prairie et j'ai gagné la rue de Bayeux. Mais la ville avait été bombardée et on ne passait pas facilement. J'ai été arrêtée dans mon élan par les hommes de la défense passive non loin de la gare de La Maladrerie[1]. Il y avait là des soldats allemands et des civils qui m'ont fait signe de déguerpir. Je descendais de bicyclette pour me renseigner, lorsque, comme à un signal, tout le monde s'est soudain égaillé au grand galop dans le paysage. On entendait des sifflements bizarres, puis, tout de suite après, se produisit une série de déflagrations. Je n'avais jamais entendu le bruit des obus tombant et explosant au hasard, mais j'ai tout à coup

1. Cette petite station ferroviaire aujourd'hui disparue se trouvait entre le haut de la rue de Bayeux et la prison.

réalisé que les navires alliés canonnaient Caen à l'aveuglette depuis la côte. Je ne me suis pas trop inquiétée, car, les obus, mon beau-père m'en avait parlé – « Triste souvenir de la Grande Guerre !... ». Dans les tranchées, il disait aux Poilus qui étaient avec lui : « N'y pense pas. Dis-toi que l'obus qui doit te tuer, tu ne l'entendras pas venir. » Alors, forte de cette assurance, je me disais : « Je les entends, donc ça n'est pas pour moi. »

Quoi qu'il en soit, je n'ai pas pu franchir la voie, et, repoussée par le service d'ordre, j'ai dû faire demi-tour. J'avais cependant pu apprendre que la prison n'avait pas été touchée. En revanche, personne ne savait où se trouvaient les prisonniers. On me conseillait d'aller à l'église Saint-Étienne, complètement épargnée et où beaucoup de gens s'étaient réfugiés, qui pourraient peut-être me renseigner.

Je m'y suis rendue.

Dans ce lieu ordinairement réservé au culte, un pitoyable spectacle s'offrait au regard : Saint-Étienne transformée en une sorte de Cour des Miracles. Toutes les chapelles étaient occupées par des familles qui avaient pu fuir les décombres de leurs maisons. Beaucoup y avaient perdu des êtres chers. Du linge séchait sur des fils tendus d'une chapelle à l'autre. Une multitude de matelas jonchaient le sol, sur lesquels se tenaient tous ces pauvres gens, hommes, femmes, enfants, marqués par l'épreuve et parfois hagards.

Comment les aborder ? J'ai fini par en interroger plusieurs, mais leurs réponses étaient complètement incohérentes. Je me sentais dépassée par tout ce désarroi. Je venais leur demander ce qu'étaient devenus une centaine d'hommes et de femmes parfaitement étrangers à leur douleur, alors qu'ils me parlaient de milliers de morts restés sous les ruines, leurs ruines, leurs morts...

J'ai repris mon vélo comme on « reprend le collier », ce vélo que je n'avais pas lâché une seconde, même dans l'église, faute de quoi je ne l'aurais certainement pas retrouvé. Les temps étaient cruels et la lutte pour la survie âpre.

Je ramenais une faible lueur d'espoir : la prison n'avait pas été bombardée, nos amis avaient peut-être pu délivrer les prisonniers. Mais je rentrais avec la rage au cœur et une réprobation indignée à l'égard des Alliés. C'était stupide, je le savais, mais je leur en voulais d'avoir anéanti Caen et ses habitants, tant de pauvres gens... En même temps, je bouillais de révolte, de haine même, contre les Allemands : ils devaient bien comprendre que c'était fichu pour eux, qu'il leur fallait plier bagage, et vite. Alors pourquoi s'accrochaient-ils, pourquoi, dans cette situation, continuaient-ils de tuer, d'assassiner des civils, pourquoi provoquaient-ils les destructions massives alliées, quand ils ne détruisaient pas eux-mêmes ? L'indignation donnait de la vigueur à mon coup de pédale, mais l'idée qu'au bout de ma course j'allais retrouver ces ennemis plein le presbytère mettait du plomb dans mes jarrets.

Vers la fin du mois de juin, nous nous apprêtions, les enfants et moi, à quitter la cuisine pour rejoindre notre étable à veaux, quand *Distingo* s'est présenté et m'a demandé froidement si je consentais à coucher avec lui. Je suis restée sans voix, figée, épouvantée même. Il a ajouté ensuite de sa voix glaciale : « Je sais par vos voisins que votre mari est entre les mains de la Gestapo et que vous aussi, vous y avez été. Vous me donnerez votre réponse demain matin. » Je n'avais pas dit un mot, pétrifiée. Il est parti sur un claquement de talons très prussien.

Toute la nuit, ce dilemme infernal m'a tenue éveillée : céder à cet homme, ou encourir des représailles dont je ne discernais pas bien la nature, mais qui ne manqueraient pas d'être terribles pour les enfants et pour moi. Les Allemands étaient aux abois et, n'ayant plus rien à perdre, prêts à toutes les abominations.

Au matin, avant de quitter l'étable, j'ai seulement dit calmement à Claudine : « Encore une fois, je te confie ton petit frère. Prends l'argent, et, s'ils m'arrêtent, pars immédiatement retrouver maman. »

Nous sommes arrivés au presbytère, *Distingo* attendait dans la cuisine. Devant les enfants, il m'a apostrophée aussitôt : « Alors, votre réponse !... » J'ai dit : « C'est non. » Il a paru surpris et m'a demandé : « C'est à l'homme ou à l'Allemand que vous dites non ?... » Je m'entends encore lui répondre, sans provocation aucune : « Aux deux. » Un long moment s'est écoulé, puis il a conclu : « Dommage !... » et il est parti. Je m'attendais au pire, mais rien n'est arrivé. Il nous saluait quand nous le croisions, c'est tout.

Enfin, un certain jour, son ordonnance est venu me chercher. Leur détachement partait vers Épron, et *Distingo* voulait me saluer avant de partir. De cette même voix dure, il m'a dit : « Je vous admire, j'ai du respect pour vous. » Ils sont partis. Jean le Polonais m'a appris quelques jours plus tard que beaucoup de soldats allemands avaient été tués, dont *Distingo*.

Enfin seuls !...

L'occupation de notre logement n'allait pas tarder à prendre fin. Un soir, des ordres de repli tombèrent sur le reste des troupes stationnées au presbytère, entraînant leur départ précipité. Le déménagement terminé, nous nous prîmes à respirer un peu. Enfin, nous pouvions aller et venir sans contrainte, et surtout nous n'avions plus en permanence sous les yeux ces uniformes allemands qui offensaient autant nos sentiments patriotiques que notre vue.

Nous continuâmes néanmoins d'aller coucher dans notre petite étable.

Rançon de notre – relative – liberté, les bombardements se rapprochèrent, terrorisant bêtes et gens. Début juillet, revenant un matin dans la maison, je vais jeter un coup d'œil dans la salle désertée. Des chevaux effrayés y étaient entrés de force la veille. Dieu merci, ils en étaient repartis, mais les portes n'avaient pas résisté ! Et dans le buffet défoncé, j'aperçois deux yeux qui brillent : tapie au fond, gît une chienne berger allemand blessée, abandonnée là, la nuit, par les soldats pressés à qui elle ne pouvait plus servir. J'ai peu de sympathie pour cette race, mais j'aime les chiens. Celle-là grondait, bien sûr, mais elle geignait, elle était pleine de sang. Elle souffrait. Alors tant pis, après être allée prendre conseil auprès d'un vieux dentiste réfugié, j'ai retiré des éclats de la plaie et je l'ai pansée. J'avais bien un peu peur de me faire mordre, mais, c'est étonnant, elle s'est laissé soigner sans rechigner. Nous l'avons baptisée Myriam, seul nom qui, après bien des essais, semblait évoquer quelque chose pour elle. C'était une bouche de plus à nourrir, mais elle ne nous quittait pas, les enfants et moi, elle venait nous garder la nuit, partageant notre paille dans l'étable.

A quelques jours de là, les SS ont débarqué au presbytère, nous bousculant, raflant même notre portion de pommes de terre. A mon grand désappointement, Myriam, sans se retourner, est partie avec eux. Elle était guérie. Elle s'était habituée à nous, mais c'était avant tout une chienne de soldat.

Il est finalement heureux qu'elle nous ait quittés, car je ne sais pas comment nous aurions fait quand il a fallu partir en exode : elle n'était pas sociable du tout, ne connaissant et ne supportant que Claudine, Papou et moi.

Le 13 juillet, en effet, l'ordre d'évacuer Mutrécy est arrivé. Le village devait être vide de tous ses habitants pour midi, dernier délai.

Exode

Pour nous trois, ce n'était qu'un exode de plus, nous devions être les seuls à ne pas avoir peur : ce n'était pas devant la Gestapo que nous fuyions, et nous ne laissions rien derrière nous. J'avais tracé un message pour Pierrot, peint sur les marches de l'arrière-cuisine – j'avais chipé un peu de peinture verte aux Allemands – : « Nous devons évacuer de force, direction maman. Viens nous retrouver. Nanoue. » L'inscription y était encore trente ans après.

Quelle tristesse et quelle angoisse pour les habitants du village : ils devaient abandonner leurs maisons, leur bétail dans les herbages. Les bêtes sentaient l'abandon : on les entendait appeler d'un pré à l'autre... mais leur sort a été très vite réglé par les troupes d'occupation.

Des ordres étaient sans doute parvenus en mairie, probablement par la préfecture. En tout cas, les voitures à chevaux avaient été réquisitionnées et on y avait réparti les personnes âgées et les enfants en bas âge. Louis et Suzanne devaient avoir dans leur carriole une boulangère réfugiée de Caen, le dentiste et sa femme, une grand-mère très grognon et Papou. Dès le départ, celui-ci a refusé de monter avec eux, alors ils ont bien voulu se charger de nos deux valises. Louis conduisait Rubis par la bride. Suzanne, à vélo, suivait à côté avec Claudine sur la bicyclette prêtée par mon beau-frère. Je traînais Papou dans sa poussette.

Nous partions avec les habitants du village, un peu à l'aveuglette, car par malchance aucune autorité ne s'était manifestée pour conduire l'expédition. A Clinchamps, par exemple, le curé, l'instituteur – M. Liot, je crois – et un instituteur à la retraite avaient organisé le départ de la population et allaient guider et encadrer leurs concitoyens jusqu'au bout. Leur troupeau avait des bergers, nous rien. Le maire, nous l'avons vu, avait été arrêté. Il avait pu s'évader de Cherbourg mais restait camouflé, introuvable. L'instituteur, un Alsacien, s'était depuis longtemps nommé lui-même « interprète », allant jusqu'à se munir du brassard adéquat. Sa position ne faisait pas l'unanimité dans le village, aussi, au moment d'abandonner Mutrécy, avait-il disparu.

Au début, ceux du village restèrent groupés. Mme Gayet, une cultivatrice, n'avait pas pu abandonner sa vache. Elle la menait à la longe, la laissant brouter quand on s'arrêtait pour souffler un peu. Chaque matin et chaque soir, elle nous distribuait gratuitement le lait. Elle nous a malheureusement quittés avec sa famille après Carrouges.

Une grande majorité de nos réfugiés allaient sans but, poussés par les événements, chercher surtout des cieux plus cléments. Au contraire, moi, je partais avec une intention bien définie. Je n'avais pas tracé à la légère mon message pour Pierrot sur les marches du presbytère : « Direction maman. » Nous, nous allions rejoindre ma mère entre Angoulème et Périgueux où elle devait se trouver avec ma sœur aînée et son mari. Délivrés de la menace de la Gestapo, nous pourrions débarquer chez eux sans leur faire courir de risques. C'est vers ce havre de paix et d'affection que je tentais d'entraîner mon petit groupe, du moins le plus loin possible vers le sud, pour nous rapprocher de la Dordogne. *(voir annexe 2, p. 198-199.)*

Le 13 juillet au soir, nous sommes arrivés à Barbery. Nous avions dû faire un grand détour après Saint-Laurent-de-Condel, car la voie directe avait été pilonnée par l'aviation alliée, et d'énormes trous de bombes empêchaient le passage. Nous avons donc passé notre première nuit d'exode dans une ferme de Barbery, au grenier, sur de la paille, bien entendu, et sans pouvoir nous déshabiller. Dès le petit matin, nous reprenions la route.

C'était le 14 Juillet, jour de liesse républicaine, en principe. Malgré les bombardements, nous marchions groupés, pauvre horde de gens fatigués, malheureux. Soudain, au tournant du chemin est apparu un magnifique champ de blé. En ce temps-là, on ignorait encore l'usage des désherbants chimiques. Aussi mon champ était-il parsemé de bleuets, de marguerites et de coquelicots : des fleurs aux couleurs nationales. Mon tempérament cocardier s'en est évidemment réjoui, c'était beau : un symbole en ce jour particulier. J'en suis repartie toute ragaillardie.

Autour de Falaise

Pendant tout notre parcours, nous nous sommes efforcés d'éviter les villes, les forêts, les voies de chemin de fer. Cette prudence nous contraignait parfois à d'assez longs détours. C'est ainsi que, plutôt que de traverser Falaise, nous avons gagné Tournebu. Des bruits circulaient, selon lesquels la Mayenne était épargnée par les combats. Notre groupe décida de se diriger vers cette région. Bien entendu, j'étais partante : le sud, toujours le sud ! Beaucoup de réfugiés nous ont quittés là, préférant rester à Falaise – ils l'ont bien regretté[2] ! Faute de carte routière, nous avancions d'instinct, nous imposant parfois des marches inutiles pour rejoindre un point où l'un d'entre nous croyait savoir trouver asile. Nous étions contraints de nous fier aux indications que nous donnaient les gens que nous croisions. Les informations les plus contradictoires circulaient et il était vraiment très difficile de se faire une opinion. La seule chose à peu près sûre était que les Alliés avançaient, sinon nous n'aurions pas été obligés d'évacuer Mutrécy. Mais dans quelle direction progressaient-ils, à quelle vitesse ? Impossible de le savoir de façon certaine.

Pendant ce temps, j'essayais, avec quelque optimisme, d'établir notre circuit dans ma tête : l'Orne, la Mayenne, Angers, etc. En fait, je voyais tout cela beaucoup plus proche que dans la réalité. Je n'avais parlé de mes projets qu'à Claudine.

Après une bonne marche, nous sommes arrivés à Sassy où nous avons couché dans des hangars en tôle. Comme d'habitude, nous avons fait notre toilette à la sauvette. Nous allions d'ailleurs devoir procéder de la même manière pendant tout l'exode, lorsque encore nous aurions la chance de disposer d'eau. De même, nous serions contraints de dormir tout habillés, dans la paille, ce qui n'allait pas favoriser notre sommeil durant les nuits torrides de juillet. Si l'on ajoute à cela la dépense physique de la marche en plein soleil et les aléas du ravitaillement, on aura une idée de notre degré d'épuisement à l'arrivée.

---

2. Les Allemands allaient, quelques jours plus tard, faire de la « poche de Falaise » un pôle de résistance à l'avancée des armées alliées. La ville serait presque complètement détruite.

Encore assez groupés, nous sommes parvenus à Trun, où nous avons « dormi » dans les écoles. Exceptionnellement, notre couche était constituée de parquet, ce qui, pensions-nous, allait nous permettre de passer peut-être une bonne nuit. Malheureusement, peu de temps après l'extinction des feux, des bombardements intenses ont commencé, qui nous ont tenus éveillés jusqu'à l'aube. Au petit jour, nous nous sommes empressés de fuir ces lieux inhospitaliers.

Nous avons fini par arriver à Putanges, où nous avons perdu une partie de nos troupes. Là, c'était la pagaille complète. Nous croisions des réfugiés qui « remontaient » sans en savoir plus que nous sur la situation. Heureusement, ils nous indiquaient les routes à éviter et des points de chute possibles où trouver abri et ravitaillement.

De Putanges nous avons échoué un soir à Écouché, petite ville où nous avons fait halte. Une écurie immense était mise à la disposition des nombreux réfugiés dont nous faisions partie. Mais impossible de rester à l'intérieur : l'odeur des chevaux rendait l'atmosphère irrespirable ; aussi avons-nous couché tous les trois dehors, sous la carriole.

Nous sommes repartis par petits groupes jusqu'à Rânes où nous avons été ravitaillés, et nous avons dormi près du château. Ensuite, direction Carrouges. Là nous attendait un vrai centre d'accueil. Nous avons pu nous restaurer sur des bancs près du très beau château. Il y avait de l'eau pour se laver un peu et on nous a distribué des rations pour la route du lendemain. Nous avons retrouvé sans plaisir la paille des granges, peu propice au sommeil. De toute façon, il valait mieux éviter de s'endormir et veiller toute la nuit, car les voleurs étaient nombreux, et, bien souvent, on entendait au matin s'exhaler le désespoir des victimes de ces « rôdeurs ». Nous nous contentions d'enlever chaussures et manteaux, ces derniers faisant office d'oreillers dissimulant le sac à main. Nous accrochions les chaussures à notre ceinture pour être certains de les retrouver le jour venu. Dieu que les nuits sur cette paille immonde étaient pénibles ! Avant nous étaient passés là l'armée allemande en déroute et d'autres groupes de réfugiés : les poux, eux, étaient heureux et s'en donnaient à cœur joie. Quel festin !

Émotions

Les bombardements se rapprochaient, nous avons dû quitter Carrouges. Nous étions exténués, mais nous ne pouvions pas nous attarder.

Nous avions quitté notre abri provisoire le matin même et nous gravissions lentement une côte très raide. Il était à peu près 11 heures. Devant nous avançait la carriole de Louis avec son chargement, Papou somnolait dans sa poussette, Claudine marchait à côté de moi en poussant son vélo. Nous approchions d'un passage à niveau, près de Lignières-Orgères, quand deux bombardiers nous sont arrivés dessus et ont lâché des bombes sur la voie ferrée. Le cheval, affolé, s'est cabré, la carriole s'est renversée et les passagers de Louis sont tombés avec elle. Il y avait des blessés, des cris, l'affolement, mais surtout il n'y avait plus Claudine à côté de moi. Le vélo gisait en travers de la berme, abandonné. En proie à la panique, j'ai couru de droite et de gauche avec Papou dans les bras, demandant à tous ces gens apeurés, abrutis par l'effroi et le bruit, s'ils avaient vu une petite fille brune. Enfin, on m'a indiqué la ligne de chemin de fer. Je n'y croyais pas, puisque c'était l'objectif des bombardiers et qu'elle avait été touchée, mais, n'ayant que cette piste, je m'y suis quand même précipitée. Je courais et n'apercevais toujours pas Claudine. Jamais de toute ma vie je n'ai connu une telle angoisse.

Enfin, à 150 m peut-être, une maisonnette sur la voie. Une femme en est sortie, car je criais des « Claudine !... » à pleins poumons, et m'a fait entrer. C'est là que, Papou toujours dans les bras, j'ai enfin retrouvé ma fille. D'après les explications de notre hôtesse improvisée, j'ai compris que, choquée, Claudine courait sur la voie en direction des énormes trous qu'avaient creusés les bombes et serait tombée dedans si cette brave femme ne l'avait arrêtée à temps. Elle nous appelait en s'enfuyant loin de nous. Nous nous sommes désaltérés avec de l'eau bien fraîche. Claudine n'était pas blessée, elle n'avait rien, sinon qu'elle avait eu très peur. Quelle frayeur j'avais eue moi-même ! Mais il fallait partir et rejoindre notre petit groupe.

Ils nous attendaient, gardant notre poussette et le vélo. Nos voyageurs éjectés n'avaient pas eu de mal, et le plus traumatisé de la troupe était finalement Rubis : il a bien fallu une heure pour le décider à traverser les rails. Encore Louis a-t-il dû lui fixer une serviette sur les yeux pour l'aveugler, car il se cabrait. Nous sommes tout de même repartis, cahin-caha, nous n'en pouvions plus.

Finalement, nous avons fait étape dans une grande ferme abandonnée. Nous étions plusieurs groupes. Il faisait lourd. Nous avons passé la nuit dans une grange. Fatiguée par les émotions de la veille, toute la troupe s'est levée tard. La matinée s'étirait, on ne devait repartir qu'en fin d'après-midi, le gros de la chaleur passé, en direction de la Mayenne. Après le déjeuner, tout le monde décide de faire une sieste. Je couche Papou près de Louis et de Suzanne en les prévenant que nous allons jusqu'à une petite église que nous avions repérée,

Claudine et moi. J'avais eu si peur ! je recherchais un peu de sérénité. Mais tout était fermé. A défaut de chapelle, nous avons découvert un ruisseau, et nous nous sommes installées toutes les deux dans l'herbe. C'était reposant, l'air sentait bon, il faisait frais. Surtout, nous n'avions plus à supporter tous ces gens si prompts à se plaindre – la boulangère, en particulier –, à se disputer pour un oui ou pour un non. Cette cohabitation était parfois insoutenable.

Nous étions là, tranquilles, faisant des projets, quand nous avons entendu soudain, au loin, le bruit des avions. Nous avons couru vers la ferme. Là, une partie des réfugiés avaient déjà décampé, poussés par la peur. Ceux qui restaient, et qui s'apprêtaient à s'enfuir, eux aussi, nous ont appris que notre petit groupe était parti en emmenant Papou. Il hurlait, il ne voulait pas s'en aller, il nous attendait. Pauvre gosse ! ils l'avaient traîné de force à la carriole. Oh non ! ce n'était pas possible : Claudine la veille, le petit le lendemain... Nous nous affolions, Claudine et moi. Nous récupérons poussette et vélo et nous faisons indiquer la route qu'a dû emprunter Louis. Claudine part en avant, à grands coups de pédale, et je la suis de loin, la poussette sur l'épaule. Elle revient rapidement, très essoufflée : « La carriole n'est pas loin, mais ils ne veulent pas me rendre Papou. Il pleure, et les deux grands-mères lui tapent dessus pour le faire taire. » Je courais vite, en ce temps-là, nous avons pu les rattraper. J'ai repris Papou. Eux étaient furieux, ils nous ont balancé nos valises, et fouette cocher ! ils ont déguerpi. Tant pis, nous étions tous les trois, et c'est ce qui comptait. Mais il y avait de tout, sur les routes de l'exode, il valait mieux ne pas rester seuls et voyager avec un groupe. Nous nous sommes joints à d'autres réfugiés.

A l'étape, le soir tombé, nous étions tous trois à errer, cherchant un coin pas trop désert, quand Suzanne est venue nous rechercher. C'est grâce à Trompette qu'elle nous avait trouvés. Trompette, que j'avais omis de mentionner dans notre groupe, était la chienne de Louis et Suzanne. Il n'avait évidemment pas été question pour eux de l'abandonner à Mutrécy. C'était une chienne sans race bien définie, à la robe blanche tachetée de noir et de marron, un peu plus haute qu'un épagneul. Elle était très bonne pour la chasse, surtout sans fusil... Le soir venu, au village, Louis la lâchait dans la nature, et elle ne revenait jamais bredouille, rapportant des prises qui amélioraient sérieusement l'ordinaire en ces temps de restrictions et d'interdiction de la chasse.

Trompette n'aimait pas les soldats allemands. Durant notre périple, elle courait derrière les vélos de Suzanne et de Claudine et repérait bien avant nous les reliquats de l'armée allemande en débandade. Leur camouflage ne l'abusait pas, et elle n'hésitait pas à aller les débusquer derrière les haies où ils se dissimulaient, transformés en buissons ambulants. Ils sortaient de leur cachette par petits bonds d'un grotesque achevé. Même les moins courageux de notre groupe haussaient les épaules. Tous les trois, nous nous retenions de rire de leur accoutrement : bardés de branchages du casque aux bottes, ils pensaient sans doute passer inaperçus des avions dans leur habillage de verdure. En tout cas, ils ne faisaient pas illusion à Trompette. Si peu, d'ailleurs, que nous redoutions toujours que, furieux d'être démasqués, ils ne lui tirent dessus. Ces SS minables pouvaient encore avoir des réactions imprévisibles. Elle était loin, la glorieuse et arrogante armée allemande. Quelle revanche pour nous de la voir ainsi obligée de se planquer ! Ils avaient perdu tout prestige et nous semblaient, du moins à moi, de véritables lâches. Je ne pouvais m'empêcher de les comparer aux soldats français battant en retraite en 1940 : les nôtres n'avaient plus rien pour se défendre, tandis que les SS étaient encore armés jusqu'aux dents et toujours prêts à faire un mauvais coup sur des civils, à appuyer sur la gâchette pour cacher leur frousse.

Toujours plus au sud !

Nous avons donc rejoint notre groupe, délesté de la grand-mère bougon. Ils nous avaient en effet proposé de reprendre nos valises et de rester ensemble. Nous y gagnerions des deux côtés : nous ne serions plus seuls, et eux savaient fort bien que, lorsque nous traversions un village, les habitants se précipitaient sur les deux enfants pour compatir à leurs malheurs et nous accueillaient tous très gentiment.

Après avoir retrouvé notre petit groupe, nous avons encore beaucoup marché. Il nous fallait continuer vers la Mayenne, nouvelle Terre Promise théoriquement peu touchée par les combats. Nous nous sommes donc remis en route et sommes arrivés un soir à Couptrain, bourgade située dans ce département si ardemment espéré.

Après une nuit dans la paille d'une grange, nous avons avisé. Nous avions atteint la Mayenne, le moment était venu de faire des choix décisifs. Allions-nous nous diriger vers Pré-en-Pail et Alençon, ou bien continuer vers le sud ? M'appuyant sur le fait que nous avions subi des bombardements à peu de distance de notre étape, je parvins à convaincre les autres de poursuivre encore un peu dans la même direction. C'est ainsi que nous sommes arrivés le 24 juillet à Saint-Aignan, village situé à quelques kilomètres de Couptrain. Nous nous sommes procuré des provisions dans une grande épicerie non encore vidée où l'on nous a indiqué une petite ferme, la Sensive, susceptible de nous accueillir à 3 km de là.

Nous y arrivons exténués et crasseux. Les cultivateurs mettent à notre disposition une grande maison, simple mais meublée, avec une grande salle à deux lits et une chambre au premier étage avec deux lits également. Le dentiste, sa femme et la fichue boulangère prennent la chambre, Louis et Suzanne un des lits de la salle, et nous prenons le dernier. Mais nous ne sommes pas restés coucher là. En effet, dans la carriole, en plus des voyageurs et des bagages, Louis transportait un tonnelet de calvados qu'il n'avait pu se résoudre à abandonner. Nous étions inquiets, sous-alimentés, fatigués. Certains, dans ces cas-là, ruminent, bougonnent, prient ; Louis, pour sa part, préférait boire le calva. Cela réconforte peut-être, pourtant, dès le premier soir à la Sensive, il y eut une scène terrible entre Suzanne et lui. Nous avons donc déserté notre lit sans qu'ils s'en aperçoivent – d'ailleurs il était bien petit pour nous trois. Dans la grange à côté, nous avons trouvé de la paille. Le bâtiment était propre et frais, nous y avons élu domicile pour le mois que nous avons passé là. Nous avions l'habitude !... Un marché avait été conclu : nous étions tous logés gratuitement ; « en pour », les personnes valides – Louis, Suzanne, Claudine et moi – devaient aider à la récolte.

La Sensive : un quatre étoiles...

Ce n'est qu'une fois installés à la ferme que nous avons enfin pu nous laver sans contrainte et nous déshabiller pour dormir. Qui n'a pas connu d'exode ne peut sans doute pas réaliser le soulagement que cela représente, après des jours passés dans la crasse, dans la poussière et la transpiration... Nous n'avions pas couvert une distance extraordinaire, certes, mais dans quelles conditions ! A pied, dans des chaussures à semelle de bois ou des savates éculées, usées jusqu'à la trame, nous devions rebrousser chemin ou dévier de notre route pour éviter d'emprunter les voies signalées aux croisements par les panneaux aux grosses lettres noires de l'armée allemande. Parfois, après le passage des avions alliés, le panneau indiquait simplement : *route coupée*. Dès qu'un grondement dans l'air se rapprochait, nous courions nous aplatir dans les champs en emportant valises, vélo, poussette. Quand nous nous relevions, nos vêtements n'étaient pas beaux à voir. Les nuits dans la paille ou le foin ne contribuaient pas non plus à nous donner fière apparence. Quoi que puisse chanter Mireille, « couchés dans le foin… », on est loin d'être aussi à l'aise qu'elle veut bien le dire. Au matin, nous étions couverts de brindilles qui s'insinuaient partout. Quant à nos vêtements en tissu de bois, fripés et sales, ils n'offraient rien d'engageant pour les villageois qui ignoraient tout de la situation de réfugié. On avançait péniblement : les camions, les blindés s'étaient chargés de rendre les routes bien peu praticables.

Nous n'étions pas malheureux, nous avions à manger, à boire, des abris pour la nuit, mais nous étions exténués, nous nous traînions, épuisés par la chaleur sur ces chemins interminables. « Vous êtes infatigable », me disait Suzanne, car je voulais aller toujours plus loin. Papou dormait chaque après-midi, mais nous ne pouvions pas arrêter le convoi pour le lui permettre. Je lui confectionnais donc un lit roulant de mon manteau installé sur la poussette repliée. Je couchais et arrimais l'enfant, et, pliée en deux, je faisais avancer l'engin. Nous avions beau progresser lentement, c'était épuisant et combien déplaisant dans ces habits qui sentaient la sueur et collaient à la peau.

La Sensive nous est apparue comme un hôtel 4 étoiles : on pouvait chaque soir se déshabiller, faire sa toilette, laver enfin son linge, manger à table... Nous étions absolument coupés de tout, sans aucune nouvelle. C'était d'un calme !...

Mais si les Bretons sont réputés têtus, que dire des mulets de l'Ardèche, terre de mes aïeux ! J'étais partie de Mutrécy avec l'idée fermement arrêtée de rejoindre maman et ma sœur aînée Pierrette en Dordogne, pas avec celle de faire la moisson dans la Mayenne. J'avais sympathisé avec les propriétaires de l'épicerie de Saint-Aignan, et je les avais mis au courant de mes projets d'escapade. Je n'ai malheureusement aucun sens de l'orientation, aussi m'avaient-ils donné une carte de France. Le soir, dans notre grange, nous préparions notre évasion à la lumière d'une lampe à pétrole, Claudine et moi. Mais, début août, on a commencé à parler de l'arrivée de Leclerc. Il fallait nous rendre à l'évidence : nous ne pouvions pas partir seuls tous les trois et risquer de nous trouver au milieu de la bataille. Nous avons donc dû ronger notre frein.

Puis un jour le bruit a couru d'une ferme à l'autre : l'armée de Leclerc arrivait à Javron, à 3 km. Alors nous sommes partis à pied, les enfants et moi, acclamer nos libérateurs. Nous avons vu les chars, les gars joyeux mais exténués, la liesse générale. En rentrant, j'ai entonné une sacrée Marseillaise que j'ai fait chanter à tous. Nous y avons mis tout notre cœur, il semblait qu'une partie de mon angoisse s'en allait avec notre hymne national. Évidemment, Louis et le cultivateur ont trinqué largement, il était bien normal que le calva soit de la fête. Mais quelle cuite !

Nous étions enfin libérés, alors je bouillais, je voulais avoir des nouvelles de Pierrot. L'épicier de Saint-Aignan utilisait pour son ravitaillement une vieille camionnette à gazogène qui aurait valu de l'or chez un antiquaire. Les pneus demandaient grâce, les vitesses craquaient, l'embrayage patinait, quant aux amortisseurs, leur absence n'aurait pas été remarquée. Mais, quand son propriétaire m'a proposé de me conduire à Alençon avec, je l'aurais embrassé.

Nous sommes arrivés au comité de Libération où se trouvaient des militaires en tout genre. Ils paraissaient très affairés, à croire que l'issue de la guerre était entre leurs mains. J'ai été reçue entre deux portes par des officiers qui ne semblaient pas informés de l'existence d'une prison dans le Calvados. Je me suis même demandé s'ils savaient que le département avait un chef-lieu appelé Caen. Bref, un coup d'épée dans l'eau. Mais, curieusement, j'ai repris confiance. S'il y avait eu un drame dans la prison, ils l'auraient su. C'est du moins ce que me répétait le brave homme qui m'accompagnait. A partir de ce moment, je n'ai plus eu qu'une hâte : rentrer en Normandie.

J'ai tant poussé à la roue que, le 22 août, je crois, nous avons décidé de rentrer à Mutrécy tous ensemble. Chacun avait hâte de partir… et de savoir.

Retour

Le retour fut bien moins pénible que l'aller, mais que de cadavres de chevaux, de vaches, c'était une puanteur et un spectacle angoissants. Il me semblait qu'il n'y avait plus que nous de vivants sur la terre. Toutes ces maisons abandonnées, pillées, plus aucune bête debout dans les pâturages…

Le 25 août, nous arrivions à Mutrécy. Nous étions parmi les premiers revenus au village, le jour de la Saint-Louis. Dire que ce pauvre Louis, qui avait un peu trop sollicité le tonnelet, n'avait même plus une goutte de calva pour arroser sa propre fête !…

Nous avons soupé dans la grange. La ferme de Louis et Suzanne n'était plus qu'un tas d'ordures, le presbytère de même. Une odeur de soldats, mais surtout de sang, régnait partout, baignant les détritus, les meubles défoncés, les matelas éventrés. Enfin, nous avons trouvé, à peu de chose près, la même situation que tous les réfugiés à leur retour. Nous aurions aimé nous laver. Je suis allée au puits, mais il était rempli de cadavres de chiens, de chats, l'eau en était empoisonnée.

Qu'à cela ne tienne ! nous étions rentrés, et j'allais essayer d'avoir des nouvelles de Pierrot, de mon beau-père, de la vieille mémé. Savoir quelque chose, enfin. Notre village avait peu souffert des bombardements : deux, trois maisons avaient été touchées... mais il avait déjà payé, car, avant l'exode, trois des siens étaient morts au pont du Coudray, réquisitionnés pour boucher les trous des bombes. Ils avaient été tués en effectuant ce travail sous la menace des soldats allemands. Parmi ces malheureux se trouvait Alfred Clément, qui avait perdu l'usage d'une jambe à la Première Guerre mondiale.

Recherches

Dès que je l'ai pu, j'ai confié Claudine et Papou à Suzanne et je suis partie à vélo un matin très tôt pour Luc. Arrivée à Caen, je suis montée à la prison. J'ai interrogé les habitants des maisons proches et j'ai eu la confirmation du massacre. Mais ils m'ont dit aussi qu'une poignée de prisonniers étaient partis avant le débarquement, de même que plusieurs détenus après le 6 juin. J'ai donc pu reprendre la route de Luc avec un peu d'espoir. Mais cette traversée de Caen, hallucinant, toutes ces ruines ! Dieu merci, à Luc, mon beau-père et sa mère n'avaient pas été atteints, non plus que le docteur Audigé à Douvres.

Le père de Pierrot avait reçu la réponse de Mme Roger lui indiquant que son fils, l'interne de la prison, était maintenant à Fresnes. Il m'a demandé d'y aller. Bien entendu, je laisserais les enfants chez le frère de Pierrot, le docteur Audigé. Ce dernier m'a conseillé d'aller voir un ami de mon mari qui avait été arrêté en avril ou mai 1944 et se trouvait donc à la prison de Caen en même temps que Pierrot. C'était le docteur X..., qui, lui, avait pu s'évader de Cherbourg. On s'évadait beaucoup de Cherbourg. Mon beau-frère m'avait même précisé que ce docteur connaissait le moyen de monter à Paris – il n'y avait pas de trains à ce moment-là.

Aussi, avant de préparer mon voyage, je suis allée chez ce médecin. Voici ce qu'il m'a dit : il ne savait rien de mon mari, « je l'ai croisé plusieurs fois, mais je ne lui ai pas parlé, vous pensez ! Sur la porte de sa cellule, il y avait le signe distinctif “ espion ”. Moi, je n'en étais pas ! ». (La guerre n'est pas finie.) Quant au moyen de transport pour Paris, il fallait me débrouiller pour trouver des camions américains. Cet estimable praticien avait fait ses études avec Pierrot au lycée Malherbe !...

Le jour venu, j'ai remis les enfants au docteur Audigé et à sa femme, et, à l'aube, je suis partie à pied pour Fresnes. Nous étions début septembre. J'avais prévenu que je serais absente 8 à 10 jours. Les premiers kilomètres ont été avalés gaillardement, j'avais l'habitude ; mais c'est loin, Paris ! Au bout d'un moment, j'ai été contente de trouver des ouvriers qui me prenaient sur leur vélo, il y avait malgré tout une certaine solidarité. J'ai voyagé ensuite en charrette, puis un camion de soldats nous a ramassés, à trois ou quatre sur le bord de la route, c'était l'aubaine. J'ai quand même beaucoup marché, mais sans toutes ces aides je ne serais pas arrivée à Paris à 10 heures le soir même. C'est exténuée, les pieds broyés, mes chaussures à semelle de bois à la main que j'ai atteint le quartier d'Auteuil. J'allais à l'appartement de mon beau-frère François et de ma sœur Marguerite. J'ignorais s'ils étaient rentrés de l'ex-zone libre, mais je m'étais dit que la concierge, me connaissant, me laisserait probablement coucher dans le couloir.

Pas de concierge. J'ai monté les sept étages – l'ascenseur ne marchait pas – et j'ai sonné, par acquit de conscience. La porte s'est ouverte. Jean Effel et ma sœur étaient arrivés dans la soirée, retour de Corrèze. Ils avaient l'air aussi tristes que moi. J'ai demandé vingt fois : « Et maman, vous avez laissé maman ?... » D'abord, François m'a répondu qu'elle était malade et ne pouvait venir jusque-là, puis, au bout d'une heure, il a fini par me dire, très doucement : « Ta maman est morte le 25 juillet. » C'en était trop. Je crois que j'ai hurlé. Dans tout mon désarroi depuis ma sortie de prison, je pensais à maman. Je la savais malade, mais j'étais persuadée qu'elle guérirait, et je comptais sur elle pour garder mes deux petits pendant que je rechercherais Pierrot. Et voilà qu'elle était morte ! Le soir de l'arrestation de Pierrot, je lui avais écrit que j'allais être prise à mon tour et que je lui confiais les enfants si nous n'en revenions pas. J'ai su que, Dieu merci, elle était déjà trop malade pour pouvoir lire ma lettre et qu'elle était partie sans rien savoir.

François m'a suppliée de ne pas demander de détails à ma sœur qui avait été très choquée de cette mort. Il m'a fait prendre des comprimés, et j'ai sombré dans un sommeil entrecoupé de larmes. Comme il m'en avait priée, je n'ai rien demandé à Marguerite sur maman. Je pense d'ailleurs qu'au seul énoncé de son nom j'aurais éclaté en sanglots, il y avait si longtemps que je me retenais de pleurer devant les enfants... Le lendemain, j'ai accepté la bicyclette que ma sœur m'a prêtée et je suis allée à Fresnes.

J'ai vu le docteur Roger avec qui j'ai pu m'entretenir longuement. Pierrot avait donc quitté Caen le 2 juin. Le 6 avaient eu lieu tous ces massacres, et Pierrot n'était jamais arrivé à Fresnes. D'après ce que savait le docteur Roger, beaucoup de détenus avaient été envoyés directement dans les camps. Nouvel espoir...

De retour à Paris, j'ai pu, par l'entremise de mon beau-frère, trouver un camion jusqu'à Nantes. Les enfants étaient en sécurité et je voulais savoir ce qu'il restait de notre monde d'« avant » : nos amis, le cabinet, la maison, nos chiens...

Vestiges

J'ai débarqué quelque peu endolorie par la banquette du camion dans une ville toute noire. Le couvre-feu était toujours en vigueur, on se battait encore pas tellement loin. Dieu que c'était lugubre et déprimant ! Je suis arrivée dans notre petite avenue, la clef à la main. La Gestapo avait mis les scellés et il n'y avait plus d'Allemands à Nantes, mais, au moment de gravir le perron, j'ai vu une lumière dans la maison. J'ai eu peur, et je suis allée frapper chez les voisins.

Pas de réaction. J'avais beau appeler, on ne répondait pas. Puis Rip, mon chien, s'est mis à hurler, des cris de joie mêlés de hurlements à la mort : il a réveillé tous les habitants de la maison de M. et Mme Lecourtaize qui l'avaient recueilli. Notre joie de nous retrouver était grande, mais, pour moi, le plus émouvant, c'était le débordement d'affection de mon pauvre Rip mêlé de plaintes et d'aboiements de joie. Il était à la chaîne, car ces braves gens ne pouvaient le laisser en liberté, il se serait sauvé.

J'ai passé la nuit là. J'ai appris que je ne pouvais pas aller à la maison, car la mairie de Nantes avait réquisitionné notre pavillon pour y installer un commissaire de l'Air. Et allez donc ! Pourquoi se gêner ?...

Au matin, j'ai voulu aller voir rue Boileau les restes du cabinet dentaire. Ne subsistaient que des ruines. En fouillant, j'ai trouvé un davier et des précelles, mais tout ce qui présentait un intérêt immédiat avait été emporté. Même le coffre-fort avait été forcé. Cela commençait à faire beaucoup, tout cela.

J'ai voulu revoir des amis : j'ai vu des relations, mais mes vrais amis avaient été déportés. Je suis allée chez notre femme de ménage qui avait le deuxième chien, Sline, un petit épagneul breton que j'avais élevé au biberon. Celui-là était très heureux de me retrouver, mais c'était le chien de Pierrot plus que le mien. J'ai appris que, depuis plus d'un an, ce petit Sline s'échappait chaque jour à midi, traversait chaussées et trottoirs, faisait deux bons kilomètres, montait sur le perron de notre pavillon, et là, pendant un bon quart d'heure, il attendait Pierrot. Il geignait un peu, puis repartait chez ses nouveaux maîtres où il était choyé. Il effectuait ce pèlerinage chaque jour, à l'heure où son maître aurait dû rentrer du cabinet, car, avant notre fuite, j'avais pris l'habitude de lui ouvrir la porte pour qu'il puisse attendre sur le perron.

Je suis restée deux jours à Nantes. Les enfants Van Pee ne savaient encore rien de leurs parents. Je n'ai pas eu le courage d'aller voir le commissaire de l'Air occupant notre maison. Je voulais retourner auprès des enfants et commencer mes recherches pour retrouver Pierrot.

Mes épaules étaient lourdes, mon chagrin bien ancré, mais je ne m'avouais pas complètement vaincue. Maman n'était plus là, mais j'avais les enfants. Je retrouverais Pierrot.

Avant de quitter la ville, j'ai promis de revenir chercher Rip dès que les trains marcheraient. C'était un gros chien, un beau setter laverack. Ces braves gens l'avaient recueilli, mais il ne fallait pas abuser. Le petit Sline gênait moins.

Je suis rentrée à Caen *via* Paris en camions militaires. On était pas mal secoué ! J'ai repris mon vélo et suis partie à Douvres récupérer les enfants. Ils n'étaient plus chez leur oncle, mais à Luc auprès de leur grand-père.

L'horreur

Revenue à Mutrécy, j'ai beaucoup bougé pour retrouver une trace quelconque de Pierrot. Mon beau-père m'a conseillé d'aller au charnier découvert à Saint-Pierre-du-Jonquet, car il avait lu dans le journal que les Allemands avaient tué des prisonniers autour de Caen, et un signalement correspondait à celui de Pierrot, même taille et costume marine.

Quand je suis arrivée au cimetière, des représentants de l'autorité étaient là. Ils se sont étonnés que je sois seule : « Ce n'est pas beau à voir ! » m'ont-ils avertie. Mon Dieu ! quelle vision j'ai retirée de là ! Des mois n'ont pas suffi pour l'effacer. Ce n'étaient pas vraiment des corps : des médecins légistes avaient fait de leur mieux pour reconstituer des corps humains à partir de ces cadavres dans un état effrayant. Quel spectacle affreux, d'autant plus pour moi que, malgré mon âge, je n'avais encore jamais vu de mort. J'ai dû essayer d'identifier Pierrot. Les hommes qui me guidaient parmi les dépouilles de ces pauvres malheureux insistaient pour que je le reconnaisse, puisqu'il y avait un costume marine. L'administration en eût été soulagée : un de moins ! J'ai dû toucher le tissu, mais j'ai demandé si la tête, détachée du tronc, correspondait réellement au corps. On me l'a affirmé. Malgré le lieu et les circonstances, j'ai alors ressenti presque un soulagement : ce ne pouvait être Pierrot. Il avait des dents en or, et la mâchoire qu'on me montrait était intacte. Je me suis presque enfuie de ce charnier. Non, ce n'était pas possible, Pierrot ne pouvait pas avoir fini comme cela ! Il était quelque part en Allemagne et ne tarderait pas à revenir...

Rip

Dès que la circulation ferroviaire a été rétablie, je suis partie pour Nantes débarrasser nos amis de Rip. J'ai profité de mon court séjour dans cette ville pour voir le commissaire de l'Air qui occupait notre pavillon. Ma protestation l'a laissé indifférent. Ce n'était pas son problème, m'a-t-il dit tranquillement, on devait pouvoir me renseigner à la mairie. J'y suis allée, quelle réception ! « Votre maison était vide de ses habitants, donc libre... Quand votre mari reviendra, s'il revient des camps, on avisera. »

J'ai pu cependant entrer dans la maison et constater la disparition de ce qui avait été volé par la Gestapo. Le commissaire et sa femme occupaient toutes les pièces, sauf notre chambre qui était fermée à clef. Une délicatesse de la mairie ou du commissaire ? Je n'ai pas cherché à le savoir. L'armoire avait été vidée, plus de draps, plus de linge, mais restaient là mes pelotes de laine... Je ne pensais pas retrouver ma cagnotte, eh bien si ! Dans chaque pelote, je cachais naguère des billets, mes « économies » personnelles. Ils étaient toujours là. Je les ai pris et suis sortie tristement de notre chambre. Ce n'était pas encore un adieu, mais cela n'allait pas tarder.

Dans le reste de la maison, la Gestapo s'était servie aussi. Il ne restait rien même de la collection de poupées de Claudine, des vêtements et des jouets des enfants. Dans la salle de séjour, ils avaient fait main basse sur l'argenterie, les tapis, certains meubles également. Mais, dans le petit buffet qui restait, ils avaient négligé les collections de timbres de Pierrot, j'ai pu les récupérer. J'ai dû les vendre par la suite pour survivre.

Nous avons donc pris le train, Rip et moi. Ce ne fut pas facile : il avait peur. Il nous fallait changer deux fois en cours de voyage, à Tours et au Mans, et surtout nous n'avions pas le droit d'être dans un compartiment. « C'est déjà beaucoup qu'un chien puisse prendre une place », m'avait-on fait observer. Installés dans le couloir, nous gênions le passage. Nous étions bousculés à chaque instant par des gens qui nous jetaient même parfois des remarques acerbes.

Nous avons débarqué à 4 heures du matin en gare de Caen. J'ai retrouvé mon fidèle vélo, et nous avons pris la route de Mutrécy, Rip tenu en laisse par une corde attachée au guidon. Jusqu'à Saint-Martin-de-Fontenay, tout s'est bien passé : je pédalais doucement et il courait près de moi. Mais survient une auto qui nous frôle, et Rip, affolé, m'entraîne dans le champ que nous longions. J'ai eu bien du mal à le réconforter, et j'ai décidé de faire le reste du chemin à pied en tenant le vélo d'une main et Rip de l'autre.

Quand nous sommes parvenus au presbytère, nous n'en pouvions plus. Impossible de le laisser dans la cuisine, pauvre chien. Il m'avait retrouvée et ne voulait pas me perdre à nouveau. Et c'est là, en rejoignant ma chambre au premier étage avec lui sur les talons, que j'ai eu confirmation de ce que j'avais toujours pressenti, à savoir : les chiens valent mieux que les hommes et ils sont plus fidèles. En effet, sitôt monté l'escalier, Rip s'est effondré devant le grand placard du couloir et s'est mis à hurler à la mort. Je n'y comprenais rien, son désespoir me dépassait. J'ai voulu le faire taire, l'éloigner de cet endroit : pas moyen. Il me regardait avec un doux entêtement, l'air de s'étonner de mon incapacité à comprendre la situation. Dans ce placard, Rip avait senti une présence : le pardessus de Pierrot y était accroché, ce pardessus, rendu le 1er juin à la prison, et que j'avais traîné en exode. Le plus extraordinaire de l'affaire est que Rip montait la garde dans une maison étrangère devant un meuble inconnu de lui, contenant un vêtement inerte depuis des semaines, non porté par Pierrot depuis des mois, et qu'il n'avait jamais vu ! J'ai pu heureusement déjouer sa surveillance par la suite et récupérer ce manteau que j'ai donné au boulanger de Clinchamps.

Certes, Rip était très content de nous retrouver, les enfants et moi, mais ce n'était plus le chien joyeux que nous avions connu. Il a pourtant fait fête au petit Sline quand je l'ai ramené à son tour. Je voulais reconstituer notre foyer en attendant Pierrot. Sline était tout heureux d'être avec nous, mais il n'avait pas perdu l'habitude de s'échapper tous les midis. Il rentrait la tête basse un bon moment après. Où allait-il attendre son maître ?... Sans doute son énergie s'est-elle usée dans cette attente, remplacée par un muet désespoir, car, six mois après son arrivée à Mutrécy, je l'ai retrouvé mort, un matin, auprès de Rip. Il n'avait que 5 ans. Rip, lui, nous a quittés un an plus tard. Il avait reçu des éclats de métal durant les bombardements de Nantes. Ses plaies se sont réinfectées et nous n'avons pas pu le sauver.

Mais, avant, il avait eu le temps de me donner une grande émotion. En 1945, mon frère, retour de captivité, est arrivé un jour au presbytère sans nous avoir prévenus. Rip a aboyé avec un tel débordement de joie pour l'accueillir que j'ai cru, à la silhouette aperçue au fond de la cour, qu'il s'agissait de Pierrot. Il y avait pourtant six ans que Rip n'avait pas vu mon frère. Je persiste à penser qu'un chien est le seul être au monde qui ne vous fait de la peine qu'une seule fois dans sa vie : quand il meurt.

VI

Renaissance

L'heure des choix

Les mois passaient, j'attendais le retour de Pierrot tout en poursuivant mes recherches. Puis les camps se sont vidés. J'avais écrit partout en vain, et, en 1946, j'ai dû commencer à envisager l'éventualité de me retrouver seule avec les enfants.

J'avais pris jusque-là ce qu'on pourrait appeler des mesures conservatoires. Dans l'optique du retour de Pierrot, je m'efforçais de ne faire que ce qu'il aurait approuvé, je tâchais de sauvegarder ce qui pouvait l'être et de reconstituer tant bien que mal notre environnement d'avant la « cavale ». Bien sûr, le cabinet dentaire était détruit, mais il nous restait le pavillon de Nantes qui nous serait probablement restitué dès que Pierrot réapparaîtrait ; le terrain sur lequel il voulait faire construire notre maison ; le bateau et, du moins le pensais-je, la Salmson. Sous l'égide de Pierrot, je m'étais un peu laissée vivre, m'en remettant à lui pour les décisions importantes. Certes, il était autoritaire, mais je l'aimais et je l'admirais. Il m'arrivait bien de temps en temps de bouder un peu – l'arme des faibles –, mais j'étais finalement trop heureuse de n'avoir pas à trancher.

Cette fois, il allait me falloir faire des choix. Devais-je baser notre vie sur l'hypothèse de plus en plus douteuse du retour de Pierrot ou accepter sa disparition définitive comme probable ? Comment orienter notre existence, où habiter ? Quel fardeau pour moi que ce conflit entre le cœur et la raison, pour moi qui refusais de toute mon âme de croire que Pierrot ne reviendrait plus, alors que tout me prouvait le contraire ! Je me répétais ce que maman me disait jadis : « Ma petite fille, dis-toi bien que Dieu ne t'envoie que ce que tu peux porter. » Pourtant je pensais souvent qu'il se trompait d'épaules. Mais il fallait faire face, tenir mon engagement vis-à-vis de moi-même, faire ce que Pierrot aurait voulu et maîtriser la situation, seule.

Je pris donc le parti d'enfouir mon espérance aux confins de ma conscience et, tout en continuant à attendre confusément une sorte de miracle, de sortir des limbes de l'indécision. D'abord, tout bien pesé, nous resterions à Mutrécy. Il ne nous était pas possible de retourner à Nantes dans l'état misérable où nous nous trouvions. Nous avions eu une très belle situation dans cette ville et il n'était pas question d'y reparaître dans ces conditions. Je savais que j'allais devoir travailler, je préférais le faire ailleurs. Sans doute s'agissait-il d'une manifestation d'orgueil, mais j'avais le souci de conserver intacte la dignité du nom que nous portions.

Je me suis dit aussi qu'après tout ce que j'avais supporté ma santé risquait de se dégrader. Je devais penser à l'avenir des enfants : Luc n'était pas loin de Mutrécy, et je savais que leur grand-père ne les abandonnerait jamais. Maman n'était plus là, je ne pouvais compter que sur lui. Par ailleurs, détail non négligeable, le loyer du presbytère était peu élevé, et c'était, malgré tout, dans cette maison que nous avions vécu en famille tous les quatre pendant deux mois.

J'hésitais pourtant encore, lorsque j'entendis un soir « à travers les branches » – expression imagée chère à un cultivateur du village, maître Alphonse – cet échange de propos :

« Elle (c'est de moi qu'il s'agissait) ne va pas rester à Mutrécy, tout de même ! Ils ne sont pas du pays.

– Mais non, c'est des gens d'ailleurs, de la ville, ils vont repartir.

– J'espère bien ! Qu'ils s'en aillent, et le plus tôt sera le mieux !... »

Mon sang n'a fait qu'un tour. Évidemment, notre présence gênait la famille de l'individu qui avait vendu Pierrot, très connue au village ! Nous partis, d'assassin ce traître deviendrait petit à petit victime. Alors ce tempérament de lutte qui couvait en moi a fait surface : Ah ! ça jamais ! Je resterais. Je ne tenais absolument pas ses parents pour responsables, mais il n'était pas question que je libère le terrain pour leur permettre de vivre dans la quiétude de l'oubli. Moi présente, il leur serait difficile de réécrire l'histoire.

Claudine avait dû interrompre l'école pendans deux ans. Certes notre curé lui donnait des leçons de français et de latin, l'abbé Dubourg lui faisait faire des mathématiques, mais il fallait qu'elle entre au lycée. Le problème, c'est que les enfants n'étaient pas reconnus pupilles de la nation, seule possibilité pour moi de financer les études de Claudine, puis, par la suite, celles de Papou. Tous les papiers concernant leur père portaient la mention « déporté, disparu ». La directrice du lycée Pasteur a cependant bien voulu accepter Claudine comme interne. Quant à moi, j'ai dû, la mort dans l'âme, commencer les démarches pour que le « disparu » Audigé soit déclaré « décédé », ce que je me refusais absolument à admettre. Il l'a pourtant bien fallu, et ce n'est que le 6 octobre 1948 que l'acte officiel a été établi par le procureur de Falaise.

Afin d'alléger un peu pour Claudine la contrainte d'être en pension, nous allions à vélo tous les jeudis à Caen, le petit sur mon porte-bagages. Nous prenions bien soin d'arriver à 13 h 30 précises pour permettre à Claudine de profiter pleinement des trois heures de sortie autorisées. Quelques rares fois, nous sommes allés au cinéma, mais, en général, nous nous promenions en ville.

Quand nous la raccompagnions, nous étions tous les trois un peu tristes. Heureusement, elle retrouvait des camarades de son âge, et puis nous pensions au samedi. Je lui laissais le vélo pour qu'elle revienne à Mutrécy, Papou et moi prenions le train pour rentrer. Le dimanche soir, Claudine repartait aussi par le train, seul moyen de locomotion – mais la station était à 2 km du pays. Heureusement, un couple originaire du village rentrait à Caen et l'accompagnait à la gare, puis jusqu'au lycée. Dès que le service des cars a été rétabli, ces allées et venues ont été moins difficiles.

En 1948, il a fallu vendre le bateau de Pierrot, car le *Star* était dans un hangar en cale sèche et on me réclamait le montant de la location. Pendant deux ans j'avais réussi à payer, mais ce n'était plus possible. C'est en 1948 aussi que j'ai cessé de régler le loyer du pavillon de Nantes. J'avais continué jusque-là, pensant toujours, comme pour le bateau, au retour de Pierrot. De ce moment date la déchirure, la véritable et définitive rupture avec le passé. Le cours des événements devenait irréversible et Pierrot, privé d'avenir, n'existerait plus que dans nos mémoires. Il entrait irrémédiablement dans le domaine des souvenirs.

Aux vacances, nous sommes allées, Claudine et moi, déménager notre maison. Pour assumer cette dépense, j'ai été obligée de vendre notre chambre à coucher et certaines petites choses en plus au commissaire de l'Air, qui occupait toujours notre pavillon sans rien débourser. Quant à la Salmson que je comptais bien récupérer, elle avait fini comme ambulance, volée par les troupes allemandes en 1944. Ils l'avaient dénichée au fond du garage où *Robert* l'avait cachée, près de Caen. Elle a probablement disparu sur un champ de bataille.

En 1948, Papou avait l'âge d'entrer à l'école. C'est à cette époque que j'ai commencé à chercher du travail à Caen. Ce n'était pas facile, car la ville était en pleine reconstruction, elle pansait ses blessures les plus urgentes, et le métier que j'avais exercé à Paris, dans la couture, n'existait pas dans cette cité mutilée. Je tapotais bien un peu à la machine à écrire, mais je n'étais pas une vraie dactylo. J'avais tant bien que mal tapé pour Pierrot, pour la Résistance. Mais ce que je devais transcrire était en code, donc il fallait surtout faire attention de coucher sur les feuilles exactement ce qui était inscrit. La présentation, voire les fautes d'orthographe, n'avaient qu'une importance très relative : ce n'était pas une référence pour un travail ordinaire en temps de paix !

Finalement, par notre curé qui fréquentait le milieu universitaire de Caen, j'ai pu, grâce à un professeur de lettres, Mme Fichet, entrer en rapport avec le président du conseil de l'ordre des chirurgiens-dentistes du Calvados, M. Préaux. Coïncidence : c'est chez lui que Pierrot, jadis, avait effectué son stage. Il m'a engagée comme secrétaire administrative dans cet organisme. M. Préaux était un homme charmant, très vieille France, plein de délicatesse. Il a pu faire en sorte que je ne souffre pas trop de me trouver en contact avec des dentistes, anciens condisciples de Pierrot, qui devenaient mes « patrons ». Surtout, il m'a permis d'apprendre sur le tas le métier de secrétaire, et dès la rentrée scolaire, Papou en classe, j'ai pu partir travailler. Je n'assumais que les matinées. Je commençais à 8 heures à Caen, donc je devais partir très tôt, car j'avais la fichue côte de Laize-la-Ville à gravir, et, à vélo, c'était raide. De plus, Mutrécy se trouve tout de même à 17 km du centre-ville. Avant de quitter la maison, j'avais tout préparé pour Papou, son déjeuner au chaud dans un Thermos. Une grand-mère très gentille venait le réveiller à 8 h 30 et le surveillait jusqu'au moment du départ pour l'école. C'était Mme Castel, une voisine, qui faisait cela gratuitement, pour rendre service : une exception ! Je revenais très vite de Caen pour préparer le repas et déjeuner avec Papou à midi et demi. C'était toujours la bicyclette du docteur Audigé qui servait, car nos vélos avaient été embarqués dans la rafle de la Gestapo en septembre 1943 à Nantes.

Dire que ce mode de transport était agréable serait abusif, car si la pluie de Normandie enrichit ses terres, elle n'oublie pas au passage de tremper jusqu'aux os les cyclistes imprudents. Je parle des années 1948-1949, car par la suite je prenais le car pour me rendre à mon travail. Je l'ai fait pendant seize ans.

Nous économisions au maximum, c'était très dur. J'avais pu toucher enfin la pension de veuve de guerre, et il fallait nous débrouiller avec cela, plus mon petit salaire. Je cousais beaucoup, je nous habillais, Claudine et moi, je faisais même les premiers costumes de Papou.

Frictions

Je ne sympathisais pas du tout avec le maire de l'époque, et je subissais de sa part, ainsi que de celle d'une partie du village, de menues vexations – pas toujours menues, d'ailleurs. Or, j'étais, au presbytère, locataire de la commune. Un midi, en descendant du car, je jette un coup d'œil sur l'avis affiché en mairie, un résumé de la dernière réunion du conseil municipal. Je lis : « Mme Audigé, locataire du presbytère, n'a pas payé son loyer à la date voulue. Il lui sera réclamé… etc. » Affichée dans la boîte ! (C'est ainsi qu'on désignait le panneau d'affichage municipal.) Quelle stupeur ! J'étais écrasée de honte, et en même temps révoltée par le procédé. Dès le lendemain, j'étais quitte de cette dette de quelques jours. J'étais excédée par les brimades que je subissais. Nous n'étions pas « du pays », nous étions des « horsains », et surtout nous n'étions pas des gens riches, nous n'étions rien, ou à peu près. Pour certains, même, j'étais restée la veuve d'un « terroriste » ! De plus, j'avais pu constater, durant ma cohabitation forcée au presbytère, des agissements que leurs auteurs auraient bien aimé faire oublier. J'étais un témoin gênant.

Peu importe : j'avais décidé de demeurer à Mutrécy contre vents et marées. Je ne pouvais cependant pas continuer à subir la situation sans réagir, ce n'était pas dans mon tempérament.

Bien que m'efforçant de vivre conformément à ma foi, je n'ai jamais réussi à « tendre l'autre joue ». Alors je me suis rebiffée et j'ai fait front : je me suis présentée individuellement aux élections municipales. Il y avait beaucoup à faire.

Au début, pour pouvoir survivre sans trop penser, j'avais essayé de m'intégrer au village. Je voyais beaucoup de monde, et je tentais de comprendre. Malgré la guerre, l'occupation, malgré les privations générales et les atrocités, les mentalités n'avaient pas changé. L'individualisme restait la règle, la solidarité l'exception, et chacun s'efforçait de faire son pré carré, au détriment de son voisin si besoin était. Les pauvres gens étaient particulièrement démunis face aux procédures administratives, pour eux complexes. J'essayais de les aider, j'écrivais pour eux, je faisais des démarches à Caen. Il fallait constituer les dossiers de dommages de guerre. Bien entendu, les gens aisés utilisaient les services d'hommes d'affaires, d'avocats, de notaires, pour ne rien oublier dans leurs déclarations de pertes, présenter tous les documents nécessaires et relancer au besoin l'administration, où leurs mandataires avaient leurs entrées. Avec des attestations de témoins on pouvait sérieusement étoffer un dossier. Mais les pauvres, faute d'appuis, étaient souvent rabroués. Après tout, ne possédant presque rien avant la guerre, ils n'avaient pas perdu grand-chose. Que venaient-ils réclamer ? En fait, même si leurs demandes étaient beaucoup plus modestes que celles des nantis, ils avaient proportionnellement perdu bien davantage : c'est le nécessaire qui leur faisait défaut, quand seul le superflu manquait aux autres.

Je constituais donc leurs dossiers. Je tentais d'obtenir pour eux des secours d'urgence, et je finissais par lasser la patience des bureaucrates caennais. Malgré – ou peut-être à cause de – ma fougue, on m'éconduisait en me faisant remarquer que je n'étais pas de la famille et que je n'avais aucun titre pour intervenir dans ces affaires.

C'est à ce moment que j'ai pris conscience d'être parfaitement démunie face au mur de l'indifférence et de l'égoïsme généralisé dans mon désir d'aider les plus faibles. Je n'avais aucune ambition, mais, petit à petit, l'idée grandissait en moi d'utiliser les droits nouveaux issus du programme du Conseil national de la Résistance. Les femmes venaient d'obtenir le droit de vote et pouvaient également se présenter aux élections. Le meilleur moyen pour intervenir efficacement n'était-il pas de détenir une parcelle de ce pouvoir que les hommes conservaient si jalousement ? Cette idée a cheminé lentement, je dois le dire, puisque j'ai laissé passer sans même m'en rendre compte les premières élections municipales – je n'ai pas voté ! – en avril 1945. J'étais au creux de la vague, et j'avais bien d'autres préoccupations en tête. Mais, en 1947, le gouvernement jugeant sans doute que tout le monde, déportés, prisonniers civils et militaires, était de retour, il organisa des élections municipales « normales » installant des conseils élus pour six ans. Sans bien réfléchir — les droits électoraux étaient tellement nouveaux pour les femmes – je me suis laissé convaincre par le nouvel instituteur de me présenter. Lui-même avait été sollicité et m'avait proposé de figurer sur la liste unique. Dans sa naïveté, il avait fait fléchir mon hésitation par cet argument : « Vous représenterez une certaine couche de la population. » Pour une couche, j'en tenais une fameuse, c'est sûr, de m'être laissé entraîner dans cette galère ! Je ne connaissais aucun des autres postulants, mais j'ai appris par la suite qu'ils n'étaient pas enthousiasmés par l'initiative de l'instituteur. Dans un village, il n'est pas difficile de torpiller un candidat quand on est une équipe de vieux routiers des affaires municipales. J'ai obtenu des voix, bien entendu, mais pas assez pour pouvoir décemment me maintenir au second tour. Je me suis donc effacée, ni formalisée, ni vexée, pas même étonnée de telles méthodes. J'avais l'habitude des dérobades, et combien plus graves la plupart du temps.

Révoltée par l'injustice

Évidemment, lorsque j'ai constaté qu'on appliquait le principe : *on prend les mêmes et on recommence*, je me suis posé quelques questions.

Quand j'ai pu voir la nouvelle municipalité à l'œuvre, au fil du temps mes questions se sont muées en certitude : oui, il fallait tenter quelque chose pour modifier les pratiques municipales, pour essayer de faire prendre en compte les intérêts des « humiliés et offensés ». Je ne pouvais pas admettre certains comportements, certaines décisions iniques, voire inhumaines, qui me révoltaient. J'ai en mémoire une délibération du bureau de *bienfaisance* de la commune – l'appellation est déjà tout un programme !... Les membres de ce bureau, légalement convoqués, et après en avoir délibéré, avaient décidé que : Mme X..., veuve de guerre avec des enfants à charge, et qui avait demandé une aide à la commune, pouvait obtenir un *secours* à la condition de se débarrasser de son petit chien. Certains des membres de cette commission avaient en effet argué que, lorsqu'on n'a pas les moyens de subvenir à ses propres besoins, on n'a pas à nourrir un chien ! Les autres leur avaient emboîté le pas comme un seul homme. Comment ne pas être outrée d'une telle cruauté, d'un tel chantage à la misère ? Anecdote, certes, mais bien caractéristique de l'état d'esprit qui présidait aux décisions de la municipalité de l'époque.

Je rongeais mon frein, mais je n'envisageais cependant toujours pas une nouvelle candidature. Je continuais à aider selon mes possibilités ceux qui en avaient besoin, mais sur le terrain, en agissant avec eux « au quotidien », comme on dit maintenant. Là-dessus se profile un nouveau scrutin, et je reçois dans ma boîte aux lettres, comme tout le monde, la liste complète des candidats. Liste unique, bien sûr, à peine modifiée par rapport à l'équipe sortante, si ce n'est par le remplacement de deux ou trois conseillers décédés. En parcourant le document, j'avise soudain avec stupeur le nom d'un des nouveaux candidats : c'était un homme qui venait tout juste de purger ses cinq ans d'indignité nationale pour « aide à l'Allemagne » ! Je n'ai pas pu le supporter, je considérais cela comme un affront personnel. Sans rien demander à personne, j'ai tapé mes bulletins de vote et je suis allée les déposer dans chaque maison.

Je commençais à être un peu connue et, bien qu'étrangère au village, je pensais avoir un atout dans mon jeu, tant pour « passer » que pour intervenir par la suite, si j'étais élue : je ne possédais pas même un lopin de terre. J'étais donc totalement indépendante des gros propriétaires, et, en même temps, je ne risquais pas de revendiquer un bout de terrain pour m'agrandir !... Le cadastre pouvait dormir en paix, je ne souhaitais pas être élue pour m'enrichir.

Ce n'était pas le cas de tout le monde, et j'ai encore dans l'oreille les propos d'un candidat fortuné qui déclarait fort innocemment : « Moi, si j'entre au conseil municipal, c'est pour y défendre mes propres intérêts. » Candeur !... Pour ma part, je ne voulais être conseiller municipal que pour défendre ceux qui ne pouvaient pas le faire eux-mêmes.

A mon grand étonnement, cette fois j'ai été élue, et au premier tour encore ! Une femme – à cette époque –, sans moyens et étrangère au village, c'était une performance.

Malheureusement, je n'avais guère plus de possibilités de venir en aide aux gens simples et pauvres. La plupart du temps, au conseil, on m'écoutait plus ou moins patiemment et on passait tranquillement au point suivant de l'ordre du jour. Rarement mes demandes ou mes observations étaient prises en compte et suivies d'effet. Le plus dur pour moi a été de ne pas pouvoir bloquer certaines décisions par trop injustes concernant le remembrement, qui a duré sept ans. J'ai vu ainsi des petits agriculteurs outrageusement désavantagés par rapport à quelques gros fermiers. Pour deux ou trois cas, j'en avais même appelé au président de la chambre d'agriculture du département. Il n'a malheureusement rien pu faire : c'est la commission communale de remembrement, dont les participants étaient choisis par le maire, qui avait tous les pouvoirs. Ces spoliations n'ont pas toujours été sans effets sur la santé de ceux qui en étaient victimes.

Aux élections suivantes, j'ai été élue adjointe au maire. Je me sentais déjà un peu plus en force et mes interventions avaient plus de poids. J'ai pu infléchir sur certains points la politique municipale, et je crois que les administrés s'en sont bien trouvés. Les problèmes sociaux commençaient à être mieux pris en compte.

Reconnaissance officielle

Enfin, j'ai été élue maire et le suis restée pendant dix-huit ans.

Parallèlement à la satisfaction que j'éprouvais de pouvoir apporter une aide réelle, concrète, à mes concitoyens, je ressentais intensément le plaisir de nous voir, les enfants et moi, sortir de cette période noire de plusieurs années qui avait suivi la Libération. Pierrot disparu, la perte de la situation qui était la nôtre avant la clandestinité m'avait, assez curieusement, donné le sentiment d'une déchéance. Quelque éclatants et reconnus que fussent les mérites de Pierrot, ses activités – nos activités – durant l'Occupation et leurs conséquences ne nous en avaient pas moins privés d'une partie de nos revenus. Bien sûr, le cabinet dentaire était, de toute façon, détruit, mais il l'aurait remonté. En fait, c'est notre position sociale qui avait été bouleversée de fond en comble. A la Libération, nous nous retrouvions sans ressources et, comme j'hésitais à faire les démarches nécessaires pour officialiser la mort de Pierrot, sans statut. Ainsi que je l'ai indiqué plus haut, j'étais pour certains la veuve d'un « terroriste ». Quoi de plus normal, dans ces conditions, que de me retrouver au ban de la société ? Je l'avais bien cherché ! Il me fallut attendre 1955, année où la promotion des élèves officiers du service de santé reçut le nom de mon mari, qualifié par la presse de « héros de la Résistance », pour que tombent les dernières réticences : oui, notre démarche avait été licite, puisque la nation l'attestait avec éclat. A cette occasion, je participai avec Claudine et Papou à une émouvante cérémonie dans la cour d'honneur du Val-de-Grâce. Je tenais à ce que les enfants de Pierrot soient présents à toutes les manifestations destinées à honorer leur père. C'est ainsi, d'ailleurs, qu'ils ont reçu à sa place les médailles qui lui étaient attribuées à titre posthume. Ce jour-là, je fus bouleversée : tous ces élèves-officiers médecins, pharmaciens, dentistes rendant à travers nous à Pierrot les honneurs qui lui étaient dûs... Je suis cocardière, c'est vrai, mais il y avait autre chose. Je pensais tellement à Pierrot... J'y pensais tant, sa présence était si forte, presque physique, qu'au bout d'un moment le spectacle s'est estompé pour laisser son visage s'imposer à mon esprit. J'ai retrouvé sa façon si personnelle de vivre les événements, cette distance ironique que, par une sorte de pudeur, il mettait entre lui et la réalité, pour ne pas être dupe et par modestie aussi. Ce jour-là, il me disait avec son air pince-sans-rire : « Tu vois, Nanoue, ils ne voulaient pas de moi et ils me présentent les armes. Finalement on les a bien eus !... »

Mais avant cette reconnaissance officielle, quelles difficultés, quelles souffrances même, à voir les trafiquants et les collaborateurs relever la tête, à constater que la bourgeoisie vichyste retrouvait ses positions, à nous entendre dire par ces nantis qu'après tout nous n'avions qu'à nous tenir tranquilles pendant l'Occupation et que nous étions seuls responsables de notre misère présente ! Alors oui, c'est vrai, j'étais profondément satisfaite de ce que j'appellerai cette remontée du gouffre, un processus constitué d'éléments divers étroitement imbriqués. D'une part, le capitaine Pierre Audigé, chevalier de la Légion d'honneur à titre militaire, Croix de guerre avec étoile de vermeil, cité à l'ordre de l'armée, médaille de la Résistance française, titulaire de la King's Medal for

Courage de S.M. britannique, avait bien mérité de la nation. D'autre part, notre situation financière, quoique fragile, tendait à se stabiliser à un niveau nous permettant de vivre décemment. Par ailleurs, les enfants poursuivaient leurs études dans des conditions satisfaisantes. Enfin, je pouvais agir dans l'intérêt de mes concitoyens et j'étais reconnue d'eux. Je pourrais résumer ces mouvements mêlés dans une sorte de spirale ascendante en disant que nous retrouvions une place, que notre honorabilité était reconnue, du moins le ressentais-je ainsi.

Évidemment, je n'étais maire que d'un petit village, mais ce n'était déjà pas rien : premier magistrat de la commune, « l'autorité compétente », comme le disait un jour un gendarme en parlant de moi par téléphone au procureur de la République – j'avais du mal à conserver mon sérieux ! Cette fonction ne me grisait pas du tout, mais, pour effectuer des démarches, solliciter des appuis pour nos gens… malgré mes petits 40 kg, j'avais du poids !

Tout semblait stabilisé, quand, en 1953, arrive une lettre recommandée de la mairie de Nantes, de cette si belle ville que j'aimais tant. C'était une mise en demeure de leur régler au plus vite une somme considérable pour poser le tout-à-l'égout sur le terrain que nous y possédions. En 1943, une famille de huit enfants avait installé un baraquement sur notre terrain et vivait là. J'avais bien essayé d'obtenir d'eux un petit loyer, au moins pour payer les impôts correspondants, mais rien à faire. Quelquefois, lorsque je passais à Nantes, ils consentaient bien à me verser une petite somme : elle était tellement ridicule que j'avais abandonné l'espoir de régler la situation. Or, bien qu'installés sans notre agrément, leur position de locataires sans titre leur conférait certains droits, notamment celui de disposer d'un confort minimum, d'où la lettre de la mairie pour le tout-à-l'égout. Il aurait fallu plaider, mais avec quel argent ? D'autre part, j'admettais parfaitement que cette installation était nécessaire. J'ai pu tout de même obtenir un délai. Le conseil de famille constitué pour défendre (un peu tard) les intérêts de mes enfants a bien voulu m'autoriser à vendre ce terrain. Bien entendu, il avait perdu beaucoup de sa valeur, car l'acquéreur aurait à faire expulser cette famille qui, profitant des événements, s'était incrustée là. Le terrain a donc finalement été vendu et la dette réglée. J'étais soulagée.

Ma fonction de maire m'intéressait beaucoup. J'avais conscience de pouvoir rendre service et d'aider les gens, comme j'aurais aimé qu'on nous aide, nous, à certains moments. Et puis j'avais ma revanche. Mais la plus éclatante m'échut la première année de mon mandat de maire. C'était au mois d'août, et j'étais seule pour assurer la permanence municipale. J'ai reçu une lettre de *Corbeau* qui réclamait certains papiers d'état-civil. Je les lui ai évidemment établis et adressés, mais je sens encore en moi cette impression de force, cette satisfaction de voir justice enfin faite et chacun à sa bonne place lorsque j'ai inscrit au bas de la feuille : *Le maire de Mutrécy, S. Audigé.* Car j'avais présente à l'esprit sa réflexion, lors de notre confrontation au palais de justice de Caen. Lorsque je lui avais demandé : « Mais enfin, vous saviez que si mon mari était arrêté il serait fusillé ?... », il m'avait répondu :

« Oui, je le savais.

– Et moi, avais-je ajouté, si j'avais été au rendez-vous que vous aviez fixé au 17 avril avec Pierrot, savez-vous ce qui me serait arrivé ?

– Oui, vous auriez été déportée. »

Ce qui, bien sûr, aurait fait son affaire. Je me souvenais

également de ses menaces après le verdict le condamnant :
« Je me vengerai sur vous, sur vos enfants !... »
Et voilà qu'il était interdit de séjour dans le Calvados alors que nous étions là, et surtout que j'étais à la tête de la commune, un peu intouchable. Quelle satisfaction !

Notre curé se faisant vieux, afin de l'aider et de le remercier de son dévouement pour tous ses paroissiens, pratiquants et non-pratiquants, j'ai commencé à assurer le catéchisme. Cela a duré vingt-deux ans ! Petit à petit, j'ai dû nettoyer et entretenir l'église, le tout gratuitement, cela va de soi. Mutrécy est devenu mon village, l'église « mon » église. Je m'y suis d'autant plus attachée que, avec les trois curés qui ont desservi la paroisse, j'ai pu, grâce aux Beaux-Arts, redonner son cachet à cet édifice. Je l'aimais beaucoup. Mes enfants s'y sont mariés. Que de fois je m'y suis réfugiée pour laisser éclater ma peine, pour prier et rechercher la paix et le réconfort dont j'avais besoin.

J'ai vraiment ressenti à quel point je m'étais attachée au village, à son église, lors de la restauration du calvaire. Je ne pense pas exagérer si je dis que j'y avais beaucoup travaillé. Considérant que les non-catholiques n'avaient pas à participer à cette dépense s'ils ne le souhaitaient pas, j'ai assuré le financement de l'ouvrage hors budget municipal en allant dans chaque maison demander leur obole à ceux qui désiraient la verser. Pas un foyer n'a refusé ! La cérémonie fut pour moi la consécration de tout ce que j'avais donné à ce village, de tout ce que j'avais essayé de faire pour ses habitants.

Je dois être honnête avec moi-même avant de l'être avec les autres : je ne faisais pas ce qu'on appelle un bon maire. Il me manquait une certaine conception de la dignité de cette charge, l'esprit de notabilité m'était totalement étranger. Certes, cette responsabilité m'avait permis de réaliser un de mes rêves : assister au Congrès des maires de France à l'hôtel de ville de Paris. C'était un grand honneur pour la commune que je représentais, et tellement bouleversant pour moi...

Mais je m'intéressais bien davantage aux problèmes des villageois, au côté humain de mes responsabilités, l'aspect strictement administratif ne me plaisait pas beaucoup. Il me fallait bien l'assumer, mais c'était sans plaisir. Dans ce domaine, la seule chose, peut-être, qui ne me pesait pas trop était la lutte pour obtenir des subventions, car ce n'était pas pour moi, mais pour la commune. Je ne détestais pas intervenir auprès de la préfecture, mais surtout de notre conseiller général qui me servait d'intermédiaire auprès du député de la circonscription. C'était plus pratique, car, du fait du découpage électoral, ce dernier était à Lisieux. C'est ainsi que j'ai pu obtenir – et je n'en suis pas peu fière – une subvention pour la réfection du toit de l'église, bâtiment communal dont une partie est heureusement classée. Je souris en repensant à un article du *Figaro*[1] qui, lors de la constitution du Sivom du Cinglais – le premier du département –, m'avait qualifiée de « (...) seul maire en jupons de l'équipe, réputé pour sa capacité à obtenir aide et encouragement de la part de l'État (...) ». Cette allusion, même sur le mode plaisant, rend, je crois, assez bien compte d'une partie de mon caractère. Néanmoins, je pense qu'il aurait fallu que je m'occupe davantage de ce que j'appelais « les à-côtés » et peut-être moins de nos villageois.

1. *Le Figaro*, 16-17 juillet 1966.

Pourtant, mon action n'était pas totalement inefficace, et ma satisfaction pendant dix-huit ans a été de réussir à éviter que notre commune ne soit coupée en deux. Avant guerre, il y avait ainsi, paraît-il, deux clans qui s'affrontaient. Ce ne fut pas le cas de mon temps.

Je vais quitter Mutrécy 47 ans après y être arrivée. C'est sans aucun regret, sans aucune amertume. Ce pays ne m'intéresse plus. Les amis que j'ai là resteront bien évidemment mes amis. Les autres...

J'emporte avec moi l'enseigne en fer forgé constituée du nom de ma maison, *Se canto,* avec le petit oiseau dessiné par Jean Effel et les premières notes de la chanson. J'espère pouvoir l'installer sur ma nouvelle demeure, qu'il « chante » encore un peu.

Je ne sais pas ce qui me reste de chemin à faire... mon parcours a déjà été long. Mais « l'heure du grand départ est inscrite seulement dans le Grand Livre », comme me le disait si souvent Mme Olivier, une voisine et amie que j'aimais beaucoup. C'est avec sérénité que je considère maintenant ce que fut ma vie. J'ai commis bien des erreurs, je le reconnais sans peine, mais j'ai eu la chance d'avoir pour époux un homme hors du commun, et, s'il est une chose dont je suis persuadée, c'est d'avoir eu raison de ne pas l'abandonner dans l'épreuve que nous avons connue. Le mariage n'est-il pas un acte d'amour, « pour le meilleur et pour le pire » ?

VII

Nos amis

Je ne saurais terminer cet ouvrage sans revenir un moment sur les protagonistes de mon récit et sans évoquer, hélas ! pour nombre d'entre eux, leur mémoire. L'hommage que je tiens à leur rendre rejoint sans doute le souhait du lecteur de savoir ce que sont devenus ces hommes et ces femmes. Résistants conscients et déterminés ou victimes projetées malgré elles dans un combat qui les dépassait, tous ont subi un sort tragique, même s'il n'a pas toujours été fatal. Lorsque je pense à certains d'entre eux qui ont connu l'horreur des camps, je me dis que mes épreuves sont sans commune mesure avec l'enfer qu'ils ont vécu.

Une action d'éclat

Seul, peut-être, le père Nouël, à Nantes, qui n'était en rien mêlé aux activités de la Résistance, a-t-il tiré son épingle du jeu malgré les risques pris pour aider Pierrot.

Fin juillet 1943, sans nouvelles de la Gestapo, il se mit en tête d'aller récupérer notre coffre-fort afin de le soustraire aux convoitises allemandes. Pour lui, la Gestapo ne l'avait pas découvert, puisque les voisins avaient vu ces types repartir de chez nous les mains vides.

Comment ce brave homme de plus de 70 ans, ancien pilote du port de Saint-Nazaire à la retraite, et pas en très bon état, a-t-il pu tout seul porter dans ses bras notre très lourd coffre – je l'ai conservé –, descendre un étage avec cette charge, remonter des caves et le camoufler chez lui ? Toujours est-il qu'il l'a fait, sans se préoccuper du danger. Heureusement pour lui, lorsqu'en septembre la Gestapo est revenue au grand complet, elle n'est pas allée chez nos propriétaires, mais seulement chez nous. Quelle joie pour le père Nouël d'avoir soustrait à leur rapacité ce qu'il pensait être une somme importante nous appartenant. Il était tout heureux de les avoir roulés, et bon sang ! c'était vrai, il pouvait être fier de lui !

Quand je suis revenue un an après, il m'a raconté triomphalement son exploit et m'a présenté le coffre : « Il doit y avoir de l'argent dedans, me dit-il, puisque votre mari n'a pas eu le temps de l'ouvrir. » J'introduis donc la clef dans la serrure et j'essaie de tourner : en vain. Après bien des essais infructueux malgré nos efforts conjugués, la porte s'ouvre enfin, ou, plus exactement, elle nous dégringole dessus. Stupeur : le coffre est vide ! La Gestapo l'avait bel et bien découvert, avait arraché la porte en la forçant et l'avait recoincée si brutalement après avoir pris l'argent que le coffre paraissait intact.

La chance du père Nouël est justement que la Gestapo se soit servie à la première perquisition, ce qui l'a dispensée de revenir au coffre. Vide, celui-ci n'offrait plus d'intérêt et, à leur second passage, ils ne se sont pas aperçus qu'il n'était plus à sa place. Bien sûr, ils auraient peut-être pensé que Pierrot était revenu l'emporter, mais ils auraient pu aussi bousculer ce brave homme et, qui sait, davantage… Je tenais à signaler cette manifestation de courage, car son auteur avait agi sans espoir de profit d'aucune sorte, sans esbroufe, seulement pour nous rendre service. De tels comportements n'ont pas été si courants à cette époque !

Ceux du réseau

Fort heureusement, l'action du père Nouël n'a pas entraîné pour lui de conséquences fâcheuses. En revanche, nos amis, ceux du réseau, ont pour la plupart connu des sorts affreux.

Parmi eux, je ne peux pas oublier Doutreligne, *Dron* dans le groupe : on ne reçoit pas quelqu'un chez soi chaque semaine pendant plus d'un an, et dans de telles circonstances, sans éprouver beaucoup de peine à l'évocation de son souvenir.

C'était un solide gaillard, débordant de vitalité. Quand il déjeunait le jeudi avec nous, il m'effrayait par son appétit – « appétit royal », aurait dit la vieille grand-mère de Pierrot –, et, par ces temps de restrictions, il m'arrivait d'appréhender le repas hebdomadaire. *Dron* mangeait beaucoup, un peu trop, même. Mais, maintenant, je ne regrette pas de l'avoir nourri largement. Il est mort de faim à Dachau.

J'ai su par Henri Guennec, qui était dans ce même camp, combien *Dron* a souffert de ce manque de nourriture. J'ai eu beaucoup de chagrin quand il m'a rapporté certain propos de ce pauvre Doutreligne : « Quand je rentrerai en France, j'irai chez Audigé et je demanderai à sa femme de me faire un cassoulet pour moi tout seul. » Il faut bien rêver un peu pour tenir le coup. C'est bête, peut-être, de rapporter cela, mais j'ai été très émue.

Je viens d'évoquer Henri Guennec. Il avait été arrêté et torturé avant d'être déporté. Quand je l'ai retrouvé à son retour de Dachau, il n'était plus le même. Lui auparavant si gai, si plein d'allant, semblait n'avoir plus aucun ressort. La flamme s'était éteinte, c'était un homme dur, désabusé, malheureux. Il en avait trop vu, trop supporté, il avait trop souffert. Or, malgré ce qu'il avait enduré, la vie ne l'a pas épargné par la suite : il a perdu un fils de 20 ans, son unique enfant.

Je me garderai d'oublier *Thérèse*, l'agent de liaison que j'avais pu soustraire à la Gestapo caennaise le 18 avril 1944. Je l'aimais bien, elle était très courageuse. Son fiancé était déporté. Trahie à son tour, elle a été arrêtée à Paris, torturée, et faisait partie du dernier train de déportés pour l'Allemagne. Ce convoi fut, heureusement pour elle, attaqué par la Résistance belge, ce qui lui permit de se sauver.

Son vrai nom était Aline Favaillès. Je l'ai revue deux ou trois fois après la Libération. Elle aussi était sortie amoindrie de l'épreuve, elle y avait laissé une grande part de sa vitalité.

Je l'ai ensuite perdue de vue : j'avais décidé de tout laisser tomber et d'essayer de rayer de ma vie les années 1942 à 1944 incluse. Puis, il y a cinq ans, j'ai voulu retrouver ces anciens amis et complices. *Thérèse* est morte, mais personne n'a pu me dire quand. De la même manière, j'ai voulu raccrocher tous ceux qui restaient du réseau de Nantes.

J'ai retrouvé *Robert* et Yves Kerbrat, les deux téméraires. *Robert* avait échappé aux arrestations et avait ensuite combattu dans la poche de Saint-Nazaire. C'est par lui que j'ai pu contacter le « petit Yves » qui avait lui aussi réussi de justesse à éviter de se faire prendre et était resté un temps en Bretagne. Il avait même embarqué pour rejoindre l'Angleterre.

Par Yves Kerbrat et *Robert*, j'ai fait la connaissance d'un ancien agent qui accompagnait souvent *Gérard* en Bretagne. Ensemble ils organisaient le « maquis breton ». Il s'agit de Jean de Saint-Michel-Dunezat qui connaissait mon mari pour l'avoir rencontré deux ou trois fois à Nantes. Il était « agent personnel » de Jean Cavaillès jusqu'à l'arrestation de celui-ci le 28 août 1943 et transportait parfois des explosifs pour le réseau. Je suis ravie d'avoir ce nouvel ami. Pour tant des nôtres qui ont disparu, il est réconfortant de pouvoir parfois inverser le cours des choses et faire échec à la fatalité.

J'avais coupé les ponts avec tout ce qui se rapportait à la Résistance, mais j'ai été très heureuse de pouvoir renouer avec ces amis et en connaître un de plus. Je crois que le plaisir est partagé. Nos rencontres, maintenant, sont empreintes de gravité, mais aussi d'une telle chaleur, d'une telle amitié !...

Amitié. En évoquant ce mot, c'est à Alexis Lelièvre que va ma pensée.

Il n'a pas hésité, d'accord avec sa femme, à nous accueillir alors que nous étions recherchés, la Gestapo à nos trousses. Tous deux savaient pourtant qu'elle était impitoyable : nous l'avons vu, le père d'Alexis se trouvait à ce moment-là au camp de Mauthausen. Il y est mort peu de temps après. Leur proposition a été tellement spontanée, malgré les risques courus. Alexis a aussi accepté d'entrer dans le réseau. Il savait que c'était très dangereux, mais il faisait cela avec une désinvolture qui me dépassait. Lors de notre voyage à Toulouse, par exemple, je tremblais un peu au passage de la ligne de démarcation. Lui pas. « Mais non, me disait-il tout bas en parlant des Allemands, ils sont trop lourds... » J'avais beau lui faire remarquer qu'il avait tort de les sous-estimer, il prenait mes propos à la légère.

Pourtant, avec l'expérience, il a mieux réalisé ses responsabilités et les conséquences possibles de ses actes. Il ne riait plus quand, le vendredi 14 avril, je m'étais attardée auprès des Leseigneur chez qui j'étais partie chercher le lait. Nous avions évoqué nos souvenirs d'avant guerre à Creully, je ne m'étais pas rendu compte du temps qui passait. Je descendais de la ferme, quand Alexis a surgi, décomposé. Il m'a interpellée un peu brutalement : « Mais que faisiez-vous ? On croyait qu'ils vous avaient arrêtée... » Pierrot venait à ma rencontre par une autre route. C'est là que j'ai reçu d'eux les dernières consignes en cas d'arrestation, la leur, la mienne.

Alexis était à la prison de Caen le 6 juin 1944 lors du massacre de ces 80 à 90 hommes et femmes assassinés par la Gestapo. Un ancien camarade d'Alexis et de Pierrot – ils faisaient du foot ensemble – était présent, requis avec d'autres *droit commun* pour faire sortir les prisonniers de leurs cellules et les encadrer jusqu'à l'entrée des courettes. Ce garçon s'appelait Louvet, il était de Douvres. Quand j'ai pu le rencontrer après ces terribles événements, il m'a rapporté avoir vu passer Alexis. Leurs regards se sont croisés un instant. Alexis pleurait avant de pénétrer dans l'infernale courette où les mitraillettes crépitaient, remplissant toute la prison des échos de la boucherie. Ils étaient une dizaine avec Alexis, dont l'abbé Bousso qui a fait un grand signe de croix sur ces futurs martyrs puis est entré avec eux dans l'horreur des mitraillages.

Un court poème inédit de Jean Effel me revient en mémoire. Ce dernier avait été très impressionné par les atrocités commises à Caen. Il ne s'agit probablement en l'occurrence que d'un premier jet, mais je le livre tel quel au lecteur :

Juin, le mois des roses
A été le mois du massacre
Le mois du massacre
Sera le mois des roses

Des roses coupées en gerbe
Qu'on dépose avec douleur
Sur les tombes

Des roses vivantes
Émouvante pensée des travailleurs

Hivernaux
De la roseraie :
Le soleil, la terre, le jardinier
Le parfum et la couleur.

A Nantes, le professeur Crosnier, qui avait été déporté, est revenu des camps, mais il avait tant souffert qu'il est décédé peu de temps après son retour.

Le commissaire Péault, lui, n'est pas revenu. Il est mort à Buchenwald.

Quand au pauvre Palluel, jeune mécanicien-dentiste – il n'avait pas 30 ans –, il avait été arrêté en mars 1944. Inculpé de détention d'armes, il avait été torturé à Tours, Angers, Compiègne, et finalement déporté en juin. Je ne puis oublier que, à l'époque de son arrestation, il avait un bébé de moins d'un an et que sa femme Marie était enceinte de trois mois. Il est rentré de déportation le 1er juillet 1945, dans un état effrayant. Il est mort en 1946 après avoir traîné un an sans un moment de répit dans ses souffrances.

Je ne peux pas ne pas avoir une pensée toute particulière pour *Gérard*, Jean Gosset, qui, lui non plus, n'est pas revenu. Arrêté à Rennes quelques jours après Pierrot, le 24 avril 1944, il fut torturé puis déporté. Il mourut en décembre 1944 au camp de Neuengamme. Il était marié et père de trois enfants de 3 à 8 ans.

Les Van Pee ne sont pas revenus non plus des camps de la mort. C'étaient de grands croyants, pratiquants, et j'ai toujours espéré que cette foi profonde qu'ils avaient tous trois – Suzanne, par chance, n'avait pas été déportée – les a soutenus, ne les a pas abandonnés. Léa est morte d'épuisement à Ravensbrück. Elle a su ce qui l'attendait et, juste avant de partir pour la chambre à gaz, elle a pu confier son petit peigne et une mèche de cheveux à une déportée pour qu'ils soient remis à ses deux garçons. Car, malgré les assertions scandaleuses de certains pseudo-historiens, les chambres à gaz ont bel et bien existé, et pas pour y gazer les poux comme aurait voulu le faire croire le sinistre Darquier de Pellepoix.

François et René ont connu, à Dachau, le même sort que Léa. François servait de cobaye aux « médecins » nazis. Il souffrait beaucoup. Ses forces l'abandonnaient, on ne pouvait plus faire d'expériences sur lui. Il a donc été dirigé vers les chambres à gaz, **ce qui était le cas pour tous ceux qui ne pouvaient plus être utiles aux nazis d'une manière ou d'une autre**. Il était dans un tel état qu'il avait fallu l'allonger sur un brancard. Il était alors à peine conscient. René avait pu être averti à temps de ce qui se préparait. Il est arrivé près de lui, s'est penché et doucement lui a pris la main, sans un mot, seulement un long regard. Puis, la main dans la main, l'aîné et le cadet sont partis ensemble mettre un terme à leur calvaire dans la chambre à gaz.

L'honneur de la France

Voilà ce qui se passait à cette époque et dont on voudrait aujourd'hui nous faire croire que nous l'avons rêvé ! Ces événements se déroulaient dans un climat d'indifférence et même de lâcheté générale de la part de Français qui refusaient de « se mêler de ce qui ne les regardait pas ». Quelques dizaines de milliers de résistants – certains, pour leur courte honte, sortis à la Libération du néant où ils s'étaient tenus à l'abri pendant quatre ans – ont pourtant fini par « faire le poids » face à la milice, à la Gestapo et aux collaborateurs de tout poil.

Mais la masse des Français partageait la façon de penser de ce Toulousain, entendu un après-midi sur un banc de la place Esquirol, alors que nous « prenions le soleil », les enfants et moi :

« Tu sais, ça devient trop dur, cette occupation, confiait-il à un ami. Il faudrait en sortir.

– C'est vrai, mais comment faire ?

– Ce qu'il faut, c'est un débarquement des Alliés.

– Un débarquement ! Tu n'y penses pas, ça ferait trop de dégâts.

– Eh ! tiens donc, je n'ai pas dit un débarquement par chez nous, mais dans le Nord, bien sûr ! »

Tant qu'il s'agit des autres !... Des juifs livrés comme du bétail – mais n'étaient-ce pas des profiteurs ? –, des Tziganes – tous voleurs de poules –, des résistants – ils n'avaient qu'à se tenir tranquilles ! Personne ne voulait voir ces Français arrêtés, martyrisés, fusillés, déportés. Je dis bien : ne **voulait**, car, si l'on ignorait l'horreur des camps, on connaissait quand même les exactions de la Gestapo et de la milice.

Par ailleurs, peu de Français se sentaient des obligations vis-à-vis de leur patrie profanée. C'est l'honneur de la Résistance d'avoir redonné à la France sa dignité perdue, et c'est grâce à ses combattants que nous vivons, que *vous* vivez aujourd'hui libres. Il est, je pense, bénéfique de s'en souvenir de temps à autre.

Voilà pourquoi je ne regrette rien de ce que j'ai fait. Certains m'ont critiquée. J'aurais dû, d'après eux, abandonner mon mari et ne pas « sacrifier » ainsi mes enfants. Ceux-là attendaient que ça se passe, mais, par la suite, ils ont repris leur place au soleil grâce à des héros comme Pierrot. Les événements m'ont amenée à prendre des décisions. Je les ai assumées, et j'ai la fierté de pouvoir affirmer que je n'ai jamais rien demandé à personne par la suite. J'ai travaillé, j'ai fait ce que j'ai pu, et pourtant ce n'était pas facile, d'aucune façon, d'élever seule à 31 ans deux enfants de 12 et 2 ans. Maintenant, ils sont mariés et heureux dans un pays libre, mon gendre et ma belle-fille m'entourent autant que mes enfants, j'ai 8 petits-enfants et je suis arrière-grand-mère. Pas si mal pour la femme d'un « terroriste » !...

Annexes

Annexe 1

Quelques éléments concernant les événements survenus à la prison de Caen le 6 juin 1944 et leurs suites

On a beaucoup écrit et beaucoup polémiqué sur les massacres commis le 6 juin 1944 par les nazis à la prison de Caen. Des études sérieuses ont été menées, qui côtoient les élucubrations les plus oiseuses. Quarante-six ans plus tard, on n'est encore sûr de rien. Combien de victimes exactement ? Leurs noms ? Le lieu de leur ensevelissement ? Personne n'est en mesure de le déterminer avec certitude. Pourtant, des pistes étaient possibles, qui n'ont pas été explorées. Sur le moment, il y avait plus urgent. Par la suite, beaucoup ne souhaitaient pas, en France, remuer ce passé douloureux et, peut-être, dérangeant pour certains. Mieux valait oublier. Du côté de la justice allemande, le moins qu'on puisse dire est que les recherches ont été menées avec une sage lenteur. Nul n'ignore que l'appareil judiciaire d'outre-Rhin n'a fait l'objet après la guerre que d'une épuration superficielle, au point que d'anciens nazis notoires y exerçaient encore leurs fonctions de juges voici quelques années. Chacun le sait, lorsque les pistes refroidissent, les limiers perdent la trace, quand encore ils ont la volonté de la suivre.

Je voudrais simplement raconter ici comment j'ai vécu cette période, les démarches que j'ai entreprises pour concourir à la manifestation de la vérité, les témoignages directs ou indirects qui m'ont permis de me forger une opinion. Car, s'il n'est pas possible de connaître la réalité de façon irréfutable, du moins n'est-il pas indifférent de faire justice d'un certain nombre d'affirmations. La légèreté avec laquelle elles ont été proférées est une insulte à la mémoire des victimes et à la douleur de leurs familles.

Les faits

A l'aube de ce 6 juin 1944, les détenus de Caen ont entendu les échos du débarquement. Ils ont alors clamé leur joie, leur espérance. Les ordres que Pierrot avait donnés à son réseau, à ceux de Saint-Joseph, notamment, étaient formels. Dès que le débarquement aurait lieu, ils devaient monter, armés, à la prison et délivrer les prisonniers politiques. Tout le monde savait qu'il n'y avait qu'une poignée de soldats allemands et qu'un coup de main rapide avait toutes les chances de réussir. « Il faudra faire vite, avait dit Pierrot, profiter de la panique. »

Mais, en ce jour fatidique, il n'était plus là pour diriger. Je pense à cette phrase du *Chant des partisans* : « Ami, si tu tombes, un ami sort du rang, prend ta place... » Hélas ! personne n'avait pris la place de Pierrot ni celle d'Alexis. Libres, l'un comme l'autre auraient agi. L'abbé Bousso aussi était arrêté, qui n'aurait pas hésité une seconde à participer à l'action, voire à la déclencher, fort des instructions reçues. Malheureusement, les différents mouvements de résistants ont attendu les armes et les ordres.

Le temps de se ressaisir, la Gestapo en fureur est arrivée à la prison à travers la ville canonnée sans rencontrer la moindre résistance. Ils ont pu commencer le massacre. Les habitants des petites maisons voisines m'ont confié qu'ils avaient entendu les cris de joie à l'aube, mais aussi, dans la matinée et l'après-midi, les hurlements de terreur et de douleur des martyrs, une *Marseillaise* vite interrompue, des clameurs. Les assassinats ont duré longtemps. Ils entendaient, impuissants, le crépitement des mitraillettes, les cris, les supplications, parfois, des fusillés, telle cette voix de femme hurlant : « Ne me tuez pas, j'ai 20 ans !... » C'était la secrétaire du docteur Derrien, d'Argences, arrêtée avec lui. Les nazis l'ont assassinée comme les autres, 80, 86, 90 ? Parmi ces habitants proches de la maison d'arrêt se trouvait Mme Anatole Lelièvre dont le mari, résistant au réseau Fer, était aussi détenu à la prison. C'est assez dire qu'elle suivait les événements avec une particulière attention. Ce matin-là, en quelques dizaines de minutes, elle a perdu son mari et son neveu.

Les Allemands avaient réquisitionné les *droit commun* pour les aider à extraire tous ces malheureux de leurs cellules et les encadrer jusqu'au lieu du massacre. Le docteur Roger est arrivé à ce moment. Ils ont tous entendu l'appel de ceux qui allaient être assassinés. Ensuite, leur forfait perpétré, les nazis les ont contraints à répandre de la chaux vive sur les corps entassés dans deux courettes. Seuls quelques rares prisonniers ont échappé aux exécutions.

Fin juin, les Allemands ont fait venir des camions à la prison, dont ils ont fait sauter un pan du mur d'enceinte pour pouvoir accéder aux courettes contenant les corps abandonnés des suppliciés. Il les ont chargés dans les véhicules. C'est tout ce que nous pouvons affirmer à coup sûr. A partir de là, nous entrons dans le domaine de l'hypothèse.

Nuit et brouillard

Une première liste des fusillés aurait été déposée à la préfecture afin que les familles soient averties. Caen subissait des bombardements intenses et meurtriers. La Gestapo s'était repliée à Argences. C'est de là qu'ils sont revenus avec une deuxième liste. Certains noms figuraient sur les deux listes, d'autres pas. C'était bien dans leurs façons machiavéliques : laisser planer le doute et ne pas dire ce qu'ils avaient fait de leurs victimes.

En rentrant d'exode après le 25 août, je suis montée à la prison avec Mme Lelièvre. Les gardiens français étaient là. Plus d'Allemands. Ils ont bien voulu nous laisser monter voir les deux cellules, numéros 25 et 23. Sur le mur de la 25, on pouvait encore lire, écrit par Pierrot : « 17.4.44 P.A. » Un des gardiens, M. Puy-Dupin, je crois, nous a dit ne pas connaître les noms des fusillés. Eux-mêmes avaient été enfermés dans un bureau, mais il savait que plusieurs prisonniers avaient été épargnés. Tous les gardiens de la prison de Caen auraient été mutés dans le Midi par la suite.

Après bien des démarches infructueuses, nous sommes allées, Yveline Lelièvre et moi, jusqu'au siège de comité de Libération, rue Grusse à Caen. Ils ne savaient rien de plus que nous, ignoraient les noms et où se trouvaient les corps. Comme j'insistais, on m'a répondu textuellement ceci : « Dans cette bouillie infecte, que voulez-vous qu'on recherche ?... Oh si !... l'alliance du comte de Saint-Paul, elle a été retrouvée. » Cette « bouillie infecte », c'étaient les vestiges des cadavres abandonnés en plein soleil. Les soldats allemands avaient bien enlevé les corps, mais toutes les traces n'avaient pas été nettoyées, si je puis dire. En entendant ces paroles, Yveline a eu un malaise et j'ai dû l'entraîner hors du bureau, elle ne tenait plus debout. Nous nous sommes assises sur les marches au bas de l'escalier et nous y sommes restées un bon moment. Nous ne pouvions plus avancer. Nous étions tellement écrasées par cette désinvolture que nous ne nous sommes même pas révoltées sur-le-champ.

Les restes de ces malheureux n'ont pas pu être emportés bien loin. J'ai toujours pensé qu'ils avaient été jetés dans une fosse creusée en forêt. Laquelle ? Pas loin de Caen, contrairement aux affirmations hasardeuses d'un journaliste qui prétendait que les corps auraient été transportés jusqu'à une forêt proche de Rouen pour y être ensevelis. C'est peu vraisemblable : nous étions en pleine guerre, la bataille faisait rage sur toutes les côtes autour de Caen. Les avions alliés étaient efficaces et les camions allemands faisaient de trop belles cibles. Les nazis n'auraient certainement pas pris de tels risques, et pour quelles raisons ?

On ne connaît pas l'identité de toutes les victimes, on n'en connaît même pas le nombre exact. En 1945, les familles des prisonniers incarcérés à Caen ont été priées de se rendre au palais de justice de cette ville. Je suis donc allée avec Yveline Lelièvre au greffe du tribunal, au troisième étage. Sur une grande table se trouvaient une centaine de portefeuilles et objets divers. Mme Lelièvre a pu récupérer ainsi quelques pièces de linge ayant appartenu à Alexis et son portefeuille. Dans celui-ci se trouvaient les photos d'Yveline et de leurs deux garçons ainsi que des papiers. Quant à moi, j'ai pu reconnaître le portefeuille complètement décousu de mon mari, précisément à ce détail, et surtout parce qu'il contenait encore un bon de monnaie de 10 francs, émis par les villes de Roubaix et Tourcoing et censé être signé par le maire de cette dernière ville, un certain *Dron*. C'était le signe de reconnaissance de Pierrot dans le réseau. La Gestapo n'avait pas attaché d'importance à ce document qui en avait tant. Nous avons pu constater que, parmi les autres, se trouvaient des portefeuilles d'Allemands, notamment celui de *Patinette*, surnom dont était affublé l'interprète de la prison. J'ai oublié son nom de famille, mais c'est bien sa photo qui figurait sur la carte d'identité posée sur le portefeuille. Il n'était pas le seul Allemand. Sans doute la Gestapo a-t-elle agi ainsi pour laisser les familles dans l'incertitude et éviter que soient connus le nombre et l'identité exacts des martyrs. C'est d'autant plus probable que figuraient dans le lot des objets ayant appartenu à des détenus partis depuis des mois dans les camps au moment du massacre.

Quand j'ai lu dans un journal de la région que Hervé, l'un des responsables de la Gestapo caennaise, était entendu au palais de justice de Paris, j'ai demandé à être convoquée. Je voulais lui poser cette question : « Qu'avez-vous fait des victimes du 6 juin ?... » Je l'ai vu le 6 juin 1951, septième anniversaire de l'horrible forfait, accompagnée de la sœur de Jean Cavaillès, Mme Ferrières. Il était avec son avocat. Je l'ai parfaitement reconnu, et lui n'a pas nié me connaître. « C'est bien possible », a-t-il concédé. Il a admis avoir participé aux interrogatoires du « dentiste de Nantes », mais seulement en spectateur !... J'ai insisté sur les assassinats à la prison, je lui ai demandé s'il pouvait dire où avaient été emportés les corps.

Ci-dessus : signe de reconnaissance de Pierre Audigé.

Ci-dessous : Nantes bombardée (carrefour des rues Boileau et du Calvaire).

Ci-dessus : Nantes bombardée (carrefour des rues du Calvaire, Boileau et La Fayette).

Ci-dessous : enseigne de la maison de l'auteur. « Qu'il chante encore un peu... »

A ce moment, il a eu une absence, un trou de mémoire, il a joué la comédie (« ma pauvre tête !... »), et son avocat nous a fait taire. Je fatiguais son client, et nous n'avons plus eu qu'à partir. Chère procédure pénale française, alors si pleine de ressources pour les tortionnaires nazis !...

Mais je suis tenace. Un garde-chasse de Mutrécy, avant de mourir, m'avait confié avoir remarqué en forêt de Grimbosq, près de la chapelle Sainte-Anne, une grande étendue de terrain dépourvue de terriers et où l'herbe ne poussait pas. « C'est qu'il y a de la chaux, m'avait-il dit. Ce n'est peut-être pas là que sont les fusillés, mais ça se pourrait. » Je n'avais rien pu savoir de plus, mais j'ai suivi le chemin qu'il m'avait indiqué et j'ai pu vérifier la réalité de ses dires : pas d'herbe, pas de terriers. Je me suis alors adressée au maire de Caen qui m'a envoyé quelques employés de la Ville et deux techniciens. Ils ont creusé à plusieurs endroits sur le site, les plus probables, mais rien. Nous n'avons rien trouvé.

Un soir, à la télévision régionale, début janvier 1981, un appel était lancé aux personnes qui avaient pu être en contact, si l'on peut dire, avec des membres de la Gestapo de Caen. La justice allemande avait fini par en arrêter trois qui allaient être jugés à Dortmund. Il fallait les identifier à coup sûr. Deux jours plus tard, cette même télévision nous fait voir et entendre deux des rescapés du massacre du 6 juin, MM. Barjaud et Lebrun, qui n'avaient pas pu reconnaître leurs tortionnaires parmi les photos présentées par le juge Moitié, chargé de l'affaire en France. J'ai alors demandé au juge de m'entendre, précisant que mon seul souci, bien éloigné de la vengeance, était de savoir ce qu'ils avaient fait des fusillés. M. le juge Moitié m'a reçue le 19 janvier. J'ai examiné un grand nombre de photographies, la plupart prises au cours de banquets. Je n'ai pas hésité une seconde : Walter, Hermann, Albert figuraient sur certains clichés, pas sur d'autres. Je les ai désignés sans erreur possible. Les photos avaient été prises à Caen en 1944, et, bien que nous fussions en 1981, ils étaient exactement comme je les avais connus à l'époque. J'ai signé une déposition en bonne et due forme et j'ai insisté auprès du juge pour être convoquée à Dortmund. Il m'a dit qu'il transmettrait le dossier à son collègue allemand, le procureur Schacht. Après deux courriers, le dernier du 23 juillet 1987, dans lesquels je m'inquiétais de la suite donnée à l'affaire, j'ai reçu du juge Moitié une réponse me donnant l'adresse du procureur Schacht. J'ai aussitôt écrit à Dortmund. Après un échange de lettres, j'ai appris que deux des trois tortionnaires, arrêtés en Allemagne, seraient morts en 1986. Le troisième est dans la nature.

Loin du talion

Je garde de tout cela le sentiment que la justice des hommes est bien clémente pour les bourreaux et leurs complices. *Corbeau* gracié après quelques années de prison, Hervé mort dans son lit en Corse où il vivait respectablement après avoir purgé onze ans de détention... Mais, surtout, j'ai le sentiment que tout est loin d'avoir été fait pour tirer au clair l'affaire de la prison de Caen et retrouver les corps des victimes. En France d'abord, où il semble bien qu'aucune recherche vraiment sérieuse, tenace, n'ait été menée. Pourtant, un début d'enquête a eu lieu, puisque le photographe Robert Delasalle, grand mutilé de la guerre de 14, avait été chargé par l'administration de prendre des photos des deux courettes. Il me les avait montrées dans son atelier de la rue Hamon, au 16. Il était bouleversé, car, sur les murs, à toutes les hauteurs, les balles des mitraillettes avaient laissé leurs traces. « Ils les ont tirés comme des lapins », se lamentait cet ancien des tranchées, et il pleurait. Dans quel dossier ont atterri ces photos, dans quelles archives des affaires classées ? Des témoins existaient : les *droit commun*, les gardiens français qui, s'ils n'ont pas assisté aux faits, sont capables d'effectuer une soustraction après coup. En Allemagne aussi, des recherches auraient pu être faites. La Gestapo allemande comprenait une quinzaine d'individus à Caen. Seuls trois d'entre eux ont été inquiétés. Que sont devenus les autres ? De même, les soldats qui ont ramassé les corps dans les courettes et les ont transportés en camion, que leur est-il advenu ? A-t-on cherché à les interroger ? Ils n'étaient pas coupables, ils exécutaient des ordres, cela ne risquerait de leur causer aucun tort de parler aujourd'hui.

Au cours de mes investigations, on m'a dit souvent que cela ne servirait à rien de connaître la vérité. On me répète maintenant que cela n'a plus aucune importance. Je ne suis pas de cet avis. D'une part, la vérité est nécessaire à la vie même, d'autre part les familles des victimes, quelles que soient leurs convictions religieuses, souhaiteraient probablement donner à leur parent une sépulture décente.

Annexe 2

Ci-contre, itinéraire de l'exode d'une partie de la population de Mutrécy.

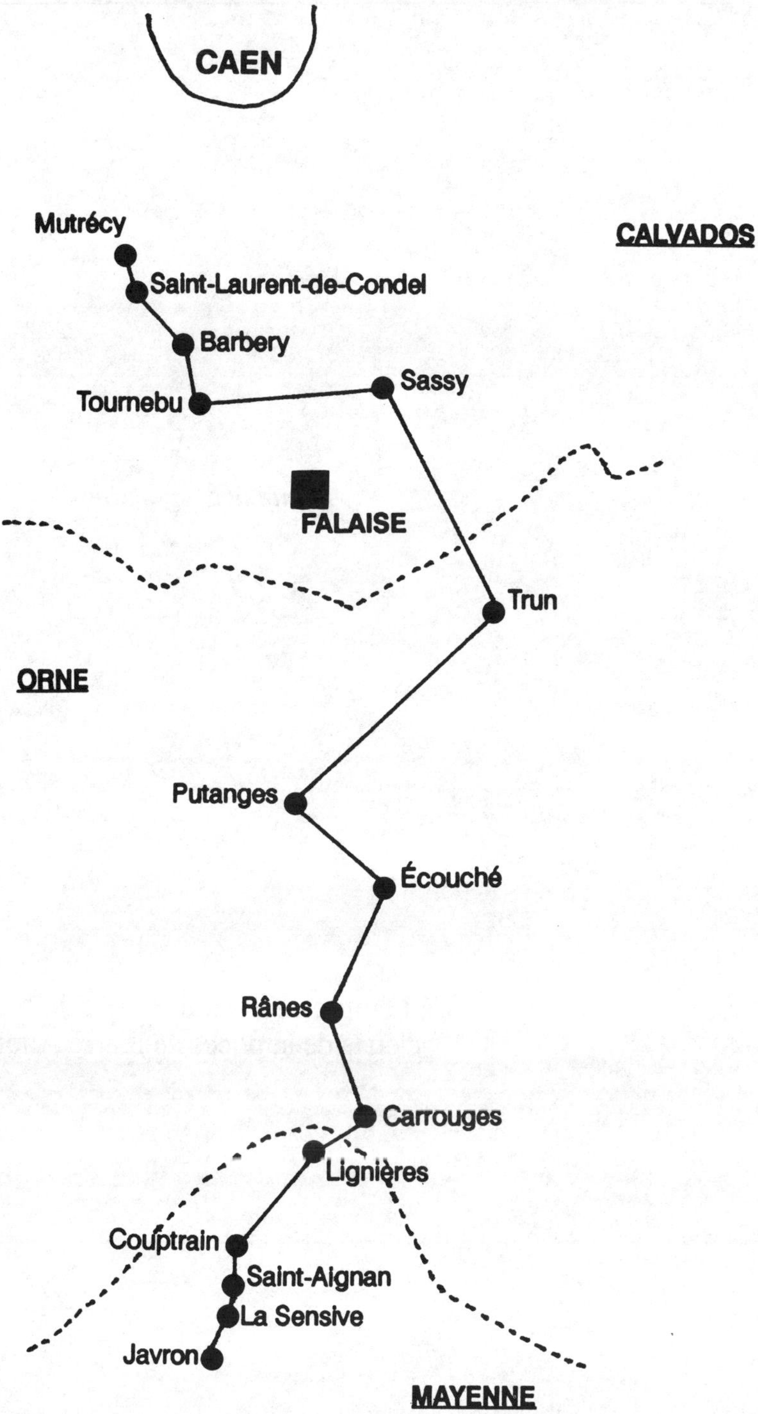
CAEN
Mutrécy
CALVADOS
Saint-Laurent-de-Condel
Barbery
Sassy
Tournebu
FALAISE
Trun
ORNE
Putanges
Écouché
Rânes
Carrouges
Lignières
Couptrain
Saint-Aignan
La Sensive
Javron
MAYENNE

Annexe 3

Ci-après, fac-similés de citations et d'états de services de Pierre Audigé.

DÉCRET

du 15 Octobre 1945 portant attribution de la Médaille de la Résistance Française

LE GOUVERNEMENT PROVISOIRE DE LA REPUBLIQUE FRANÇAISE
Sur la proposition du Ministre de la Guerre,
Vu l'ordonnance No. 42 du 9 Février 1943 instituant une Médaille de la Résistance Française,
Vu l'ordonnance du 7 Janvier 1944 relative à l'attribution de la Médaille de la Résistance Française,
Vu l'avis favorable de la Commission de la Médaille de la Résistance Française du 11 Octobre 1945

DÉCRÈTE

ARTICLE 1 — **La Médaille de la Résistance Française est décernée à :**

AUDIGE Pierre, F.F.C.

ARTICLE 2 — Le Ministre de la Guerre est chargé de l'exécution du présent décret qui sera publié au Journal Officiel de la République Française.

Par le Gouvernement provisoire
de la République Française
Le Ministre de la Guerre
Signé : DIETHELM

FAIT A PARIS, le 15 Octobre 1945
Signé : DE GAULLE

BUREAU LIQUIDATEUR DES RÉSEAUX
DE LA FRANCE COMBATTANTE
65, AVENUE GEORGES MANDEL
PARIS (16e)

Référence à Rappeler
334/ 7.146 /d/JC-ST

MINISTERE DE LA GUERRE

PARIS, le 30 Janvier 1946

COPIE CERTIFIÉE CONFORME

Le Capitaine LIGER,
Chef du Bureau Liquidateur des Reseaux
de la France Combattante

DÉCISION N° 1.298

Le Général DE GAULLE, Président du Gouvernement Provisoire de la République Française, Chef des Armées.

CITE A L'ORDRE de l' ARMEE.

AUDIGE Pierre, F.F.C.

Agent S.R. en territoire occupé par l'ennemi, a recueilli au péril de sa vie de nombreux et importants renseignements militaires et industriels, en particulier sur la base sous-marine de Cherbourg, les défenses, champs de mines et trafic maritime de la région côtière. A la tête d'une équipe de sabotage, a fait sauter une centrale électrique et convoyé des parachutistes.

Arrêté par la Gestapo, a été déporté en Allemagne.

CETTE CITATION COMPORTE L'ATTRIBUTION DE LA CROIX DE GUERRE 1939 AVEC PALME.

PARIS, le 7 Novembre 1945,

Le Général DE GAULLE, Président du Gouvernement Provisoire de la République Française, Chef des Armées.
P.O. Le Général JUIN,
Chef d'Etat-Major Général de la Défense Nationale
signé : JUIN

PRÉSIDENCE
DU GOUVERNEMENT PROVISOIRE
DE LA RÉPUBLIQUE FRANÇAISE

MINISTÈRE DE LA GUERRE
FRANCE COMBATTANTE

Référence à Rappeler:
334/ 7444 *JC-ST*

PARIS, le 28 Janvier 1946.

COPIE CERTIFIÉE CONFORME

Le Capitaine LIGER,
Chef du Bureau Liquidateur des Réseaux
de la France Combattante.

AMICALE DU RÉSEAU

COHORS-ASTURIES

14, QUAI DE PASSY

PARIS (XVIe) TRO 62-18

ETAT DE SERVICES DE MONSIEUR PIERRE AUDIGE

Est entré au réseau COHORS en 1942, sous le pseudo DUS. A assumé la sous-direction de la région de la Basse-Loire. Il a, grâce à son activité inlassable, fourni régulièrement chaque semaine de précieux renseignements tant sur les travaux de défense des Allemands et les objectifs à bombarder dans la région de NANTES que sur les mouvements de troupes ennemies.

En Mai 1943, ayant échappé de justesse à la Gestapo grâce à une erreur d'interprétation de celle-ci, il dut quitter Nantes précipitamment. Il alla fonder à CAEN un nouveau réseau de renseignements, le nôtre ayant été disloqué dans cette région par des arrestations massives. Son activité se manifesta notamment dans le Calvados, l'Orne, la Manche et fournit des renseignements particulièrement intéressants sur les bases sous-marines de CHERBOURG, les mines et le trafic maritime de la zône côtière.

En outre, il fit du recrutement pour l'A.S., convoya des parachutistes, constitua une équipe de sabotage à la tête de laquelle il fit sauter une centrale électrique dans la région de Caen.

Arrêté par la Gestapo le 17 Avril 1944, il disparut après le 1er Juin 1944, et il fut toujours impossible d'obtenir le moindre renseignement sur son sort.

Paris le 1er Mars 1946

LE PRESIDENT

RÉPUBLIQUE FRANÇAISE

Guerre 1939-1945

CITATION

DÉCISION N° 848

LE MINISTRE DE LA DEFENSE NATIONALE cite

À L'ORDRE DU CORPS D'ARMEE

A U D I G E Pierre - Capitaine - A TITRE POSTHUME -

" Agent S.R. en territoire occupé par l'ennemi, a recueilli au péril de sa vie de nombreux et importants renseignements militaires et industriels, en particulier sur la base sous-marine de CHERBOURG, les défenses, champs de mines et trafic maritime de la région côtière.

" À la tête d'une équipe de sabotage, a fait sauter une centrale électrique et convoyé des parachutistes.

" Arrêté par la Gestapo, déporté en Allemagne, décédé en Juillet 1946."

CETTE CITATION COMPORTE L'ATTRIBUTION DE LA CROIX DE GUERRE AVEC ETOILE DE VERMEIL.

Elle annule et remplace celles accordées antérieurement pour les mêmes faits.

POUR AMPLIATION

Fait à PARIS, le 24 Avril 1950

l'Administrateur Civil
de 2° Classe BOUZOU
chef du Bureau "Décorations"
P.O. le capitaine LANDRE.

Signé : PLEVEN/

Index des noms cités

Avertissement au lecteur

L'index suivant ne comporte pas les noms de Pierre, Simone, Claudine et Jean-Jacques Audigé. Principaux protagonistes du récit, ils apparaissent presque à chaque page, et leur repérage n'aurait présenté aucun intérêt.

ALBERT : 108, 196.
Alphonse (maître) : 158.
Anne-Marie : 74.
Audigé (docteur) : 46, 63, 85, 115, 146, 147, 151, 162.
Audigé (Émile, dit « Parrain ») : 37, 38.
Audigé (grand-mère) : 46, 63, 146, 179.
Audigé (professeur) : 27, 35, 46, 63, 69, 115, 119, 128, 146, 147, 151, 158.

BARJAUD : 195.
Bidault (Georges) : 87.
Bodet (Paul) : 66.
Bousso (abbé) : 50, 182, 190.
Brière : 94, 103, 107, 108, 112.

CASTEL (Mme) : 162.
Cavaillès (Jean) : 9, 28, 39, 73, 74, 77, 180.
Cavaillès (Simone) : 74.
Centurie (réseau) : 49.
Charité (sœurs de la) : 61.
Claire : 73, 74, 79.
Clément (Alfred) : 146.
Cohors-Asturies (réseau) : 28.
Conto : 49.
Corbeau : 52-56, 87, 108, 118, 171, 196.
Crosnier (professeur S.) : 30, 75, 183.

DABOUST : 49.
Darquier de Pellepoix : 184.
Delasalle (Robert) : 196.
Delaume (père), curé de Clinchamps : 29, 31, 85, 117, 119, 127, 159, 161, 172.
Delente : 49.
« Denise » : 45, 118.
Derrien (docteur) : 191.
Distingo : 124, 125, 129, 130.
Douin : 112.
Doutreligne, alias *Dron* : voir ce nom.
Driessens : 41.
Dron, pseudonyme de Doutreligne : 28, 74, 76, 104, 179, 194.
Dubourg (abbé) : 159.
Durand, pseudonyme de Marbot : 49.

EFFEL (Jean), nom d'artiste de François Lejeune : 148, 149, 174, 182.

FAVAILLES (Aline), alias *Thérèse* : voir ce nom.
Ferrières (Gabrielle) : 10, 194.
Fichet (Mme) : 161.
Fourny (Alexandre) : 71.

GAULLE (Charles de) : 87.
Gayet (Mme) : 133.
Georgette, infirmière à Nantes : 65, 76.
Gérard, pseudonyme de Jean Gosset : 39-41, 77, 180, 183.
Gosset (Jean), alias *Gérard* : voir ce nom.
Grain-de-Vals : 124.
Guennec (Henri) : 32, 34, 76, 179.
Guennec (Mme Henri) : 32, 34.
Guillemin-Tareyre (Jacques) : 38.

HEINTZ (André), alias *Théophile* : voir ce nom.
Hermann : 196.
Hervé : 113, 194-196.
Hotz (lieutenant-colonel) : 71.

JEAN le Polonais : 124-126, 130.
Jost : 71.
Jouanne (Denise), sœur de l'auteur : 60, 64.
Jouanne (Jean), frère de l'auteur : 60, 124, 154.

KERBRAT (Yves) : 6, 27, 75, 76, 89, 180.

LAISNÉ (Marius), maire de Mutrécy : 55, 87, 133.
Laure : 74.
Le Bars (docteur) : 49, 50, 114, 115.
Lebrun : 195.
Le Chevallier (Mme) : 24.
Leclerc (général) : 144.
Lecomte (Henri) : 65.
Lecourtaize : 149.
Le Gall : 49.
Le Gouvello de La Porte (Louis), alias *Robert* : voir ce nom.
Lejeune (Arlette), alias *Claire* : voir ce nom.
Lejeune (François), dit Jean Effel, voir ce nom.
Lejeune (Marguerite) : 17, 60, 148.
Lelièvre (Alexis) : 21, 31, 32, 35, 47, 48, 50, 53, 54, 56, 85, 93, 98-100, 118, 181, 182, 190,193.
Lelièvre (Anatole) : 191.
Lelièvre (Mme Anatole) : 191.
Lelièvre (Louis) : 32, 181.
Lelièvre (Yveline) : 31, 32, 47, 48, 52, 84-86, 93,96, 98, 99, 119, 181, 192, 193.
Lemoine (abbé) : 6, 83, 87, 98.

Lenormand (abbé) : 87, 94.
Leseigneur (Mme) : 97, 181.
Lézy, alias *Motus* : voir ce nom.
Libération (mouvement) : 28.
Liot : 133.
Louvet : 182.

MARBOT, alias *Durand* : voir ce nom.
Marie, infirmière à Nantes : 65.
Martin (Julia), mère de l'auteur : 16-18, 29, 31, 99, 144, 148, 150, 158.
Martin (Roger) : 86.
Maté : 49.
Mireille : 143.
Moitié (juge) : 195, 196.
Motus, pseudonyme de Lézy : 49.
Moulin (Jean) : 22, 90.

NOCUS (Julie), arrière-grand-mère de l'auteur : 17.
Nouël (Eugène) : 14, 65, 69, 177-179.

O.C.M. (Organisation civile et militaire) : 49.
Olivier (Mme) : 174.

PALLUEL (Marie) : 6, 77, 183.
Palluel (Pierre) : 77, 183.
Patinette : 194.
Péault (Marcel) : 30, 183.
Pétain : 73.
Pichavant (René) : 59.
Préaux : 161.
Puy-Dupin : 192.

Quermone (docteur) : 42, 50.

RAOUL (Mme) : 107.
Rivaille (Jean) : 50.
Robert, pseudonyme de Louis Le Gouvello de La Porte : 6, 15, 20, 24, 25, 28-30, 32, 34, 50, 161, 180.
Robinet (Pierre) : 49.
Roger (docteur) : 84, 86, 149, 191.
Roger (Mme) : 84, 147.
Rossette (Abel), grand-père de l'auteur : 17, 18.

SAINT-Michel-Dunezat (Jean de) : 180.
Saint-Paul (comte de) : 192.
Schacht (procureur) : 196.
Serre (Mlle) : 93.

TAMAGNA (Pierrette), sœur de l'auteur : 60, 133, 144.
Téret : 66.
Théophile, pseudonyme d'André Heintz : 6, 48-50.
Thérèse, pseudonyme d'Aline Favaillès : 29, 32, 36, 52, 98, 99, 101, 180.
Toupin : 49.
Toutain : 48.

VAN Pee (François) : 6, 9, 32-34, 99, 184.
Van Pee (François), fils du précédent : 6, 32, 33, 150, 184.
Van Pee (Jean-Claude) : 6, 32, 33, 150, 184.
Van Pee (Léa) : 6, 32-34, 99, 184.
Van Pee (René) : 9, 32-34, 99, 184.
Van Pee (Suzanne) : 32, 99, 183.

WALTER : 104, 107, 196.
Weygand : 68.

ZELDINE : 24.

Table des matières

Introduction 9

La traque 11

Un dentiste bien tranquille 57

Un homme disparaît 81

Dans la gueule du loup 91

Tribulations 121

Renaissance 155

Nos amis 175

Annexes 187

Index des noms cités 205

Dessin de la couverture : Annie Allain

Achevé d'imprimer sur les presses de
l'imprimerie Graphic 14 à Flers
(Orne), le 30 avril 1993

Dépôt légal : mai 1993